CB027369

COPOS
DE BAR & MESA

HISTÓRIA • SERVIÇO • VINHOS • COQUETÉIS

Obs.: neste livro, as fotos dos copos que apresentam as medidas da ficha técnica estão em escala natural; as demais fotos são meramente ilustrativas.

OBRA ATUALIZADA CONFORME
O **NOVO ACORDO ORTOGRÁFICO**
DA LÍNGUA PORTUGUESA.

Dados Internacionais de Catalogação na Publicação (CIP)
(Jeane Passos de Souza – CRB 8ª/6189)

Furtado, Edmundo
Copos de bar & mesa : história, serviço, vinhos, coquetéis / Edmundo Furtado. – 2ª ed. rev. – São Paulo : Editora Senac São Paulo, 2014.

Bibliografia.
ISBN 978-85-396-0463-0

1. Arte em vidro – História 2. Bebidas 3. Copos – História 4. Coquetéis 5. Serviços de bares 6. Serviços de bares – Administração 7. Vinhos I. Título.

14-197s CDD-647.9568

Índice para catálogo sistemático:

1. Copos de bar e mesa : Arte da coquetelaria : Serviços de bares e bebidas : Administração 647.9568

COPOS DE BAR & MESA

HISTÓRIA • SERVIÇO • VINHOS • COQUETÉIS

2ª EDIÇÃO REVISTA

EDMUNDO FURTADO

EDITORA SENAC SÃO PAULO - SÃO PAULO - 2014

Administração Regional do Senac no Estado de São Paulo
Presidente do Conselho Regional: Abram Szajman
Diretor do Departamento Regional: Luiz Francisco de A. Salgado
Superintendente Universitário e de Desenvolvimento: Luiz Carlos Dourado

Editora Senac São Paulo
Conselho Editorial: Luiz Francisco de A. Salgado
Luiz Carlos Dourado
Darcio Sayad Maia
Lucila Mara Sbrana Sciotti
Jeane Passos de Souza

Gerente/Publisher: Jeane Passos de Souza(jpassos@sp.senac.br)

Coordenação Editorial: Márcia Cavalheiro Rodrigues de Almeida (mcavalhe@sp.senac.br)
Comercial: Marcelo Nogueira da Silva (marcelo.nsilva@sp.senac.br)
Administrativo: Luís Américo Tousi Botelho (luis.tbotelho@sp.senac.br)

Edição de Texto: Luiz Guasco
Preparação de Texto: Lilian Brazão
Revisão de Texto: Jussara Rodrigues Gomes, Marta Lucia Tasso, Ivone P. B. Groenitz (coord.)
Projeto Gráfico, Editoração Eletrônica e Capa: Antonio Carlos De Angelis
Fotos: Claudio Wakahara
Ilustrações: Alfredo Zanussi, pp. 72 e 116
Impressão e Acabamento: Gráfica e Editora Serrano Ltda.

Editora Senac São Paulo
Rua 24 de Maio, 208 – 3º andar – Centro – CEP 01041-000
Caixa Postal 1120 – CEP 01032-970 – São Paulo – SP
Tel. (11) 2187-4450 – Fax (11) 2187-4486
E-mail: editora@sp.senac.br
Home page: http://www.editorasenacsp.com.br

Sumário

Nota do editor, 9
Agradecimentos, 11
Prefácio, 13
Cristaleria, 17
  Uma breve história, 17
  O vidro, 21
  As técnicas de fabricação, 22
Copo, 25
  A arte e a ciência da fabricação de copos, 25
  As grandes cristalerias do mundo, 31
  Reconhecendo um bom copo de cristal, 33
Coquetelaria, 35
  Um fenômeno americano, 35
  Drinques e copos no cinema americano, 38
  Principais fundamentos, 41
    Definição de coquetel, 42
  Categorias básicas de coquetéis, 45
    Drinques alcoólicos, 46
    Drinques não alcoólicos, 49
    Coquetéis de Champanhe, 49
    Bowls, 50
    Vinhos, 50

Equipamentos e utensílios, 52
Guarnições, 57
Sabores adicionados, 59
Amargos, caldas e molhos, 60
Ervas, cascas e especiarias, 61
Sucos, 61
Crusta, 62
Gelo, 64
Doses e medidas, 67
COPOS DE BAR, 71
Classificação genérica, 71
Copos tumblers ou unfooted (sem pé), 71
Aquavita ou vodca, 74
Collins ou tall, 80
Cup, 82
Delmônico ou sour, 84
Highball large, 86
Highball small, 88
Jigger ou shot, 90
Old fashioned, 94
On the rocks, 98
Pitcher, 100
Side water, 102
Silver mug, 106
Toddy ou mug, 108
Tumbler, 112
Copos stemmed ou footed (com pé), 115
Absint drip, 118
Cocktail glass, 121
Cordial, liqueur, pony glass ou cálice, 127
Coupette, 130
Large balloon snifter, 132
London dock, 134
Mixing glass ou copo de mistura, 136
Paris ballon, all purpose goblet ou balão, 140
Port ou porto, 142

Sherry, jerez, xerez ou copita, 146
Small brandy snifter, 148
Copos para cerveja, 150
Cervejas e copos do Brasil, 153
Copos para Champanhe e espumantes, 166
Variedades de espumantes, 166
Champagne coupe, 169
Champagne flûte e champagne tulipe, 171
Large champagne saucer, 174
COPOS DE MESA, 177
Degustação, 177
Análise sensorial, 181
Copo ISO, 183
Tipos de degustação, 189
Aspecto visual, 190
Aspecto gustativo, 191
Aspecto olfativo, 193
COPOS DE MESA E SEUS VINHOS, 197
O vinho, 197
Introdução, 197
Tipos de vinho, 202
Seis copos para dez tipos de vinhos de mesa, 201
Vinho branco seco leve sem aroma definido – copo nº 1, 202
Vinho branco seco encorpado – copo nº 2, 205
Vinho branco seco aromático frutado de meio corpo – copo nº 2, 205
Vinho rosé – copo nº 3, 208
Vinho tinto seco jovem e fresco – copo nº 3, 208
Vinho tinto seco comum – copo nº 4, 211
Vinho tinto seco semiencorpado por evoluir – copo nº 4, 211
Vinho tinto seco encorpado concentrado – copo nº 5, 214
Vinho tinto seco de safras muito especiais para guarda – copo nº 5, 214
Vinhos doces naturais – copo nº 6, 217
Copos e vinhos hoje, 219

Cuidados com os copos, 221
Spirit digest, 223
Receitas de drinques e seus respectivos copos, 233
Glossário e terminologia, 303
Bibliografia comentada, 315
    Cronologia do estudo de copos, 315
Bibliografia, 321
Índice de receitas de drinques, 325
Índice remissivo, 327

Nota do editor

Ao lado da gastronomia e da enologia, o interesse pela cristaleria vem aumentando cada vez mais entre os amantes da boa mesa.

Copos de bar & mesa: história, serviço, vinhos, coquetéis, de Edmundo Furtado, reúne e descreve uma ampla seleção dos principais copos utilizados para servir diferentes tipos de drinques, vinhos e outras bebidas, além de oferecer uma extensa compilação de coquetéis clássicos.

Com esta publicação, o Senac São Paulo, referência em cursos e publicações sobre gastronomia e enologia, oferece ao leitor a abordagem de mais um importante tema relacionado à rica experiência da degustação.

Agradecimentos

Agradeço a todas as pessoas que gentilmente colaboraram para a escrita e publicação deste livro, auxiliando-me com suas observações e sugestões.

Prefácio

A coquetelaria é um tema de permanente interesse no mercado editorial. De modo geral, a diversidade dos títulos publicados atende às expectativas de leitores – amadores e profissionais – interessados sobretudo em receitas criativas e sugestões para preparo das bebidas, entre outras curiosidades.

No entanto, como leitor e interessado no assunto, observei que, em relação ao copo, praticamente todos os autores se limitam a indicar o tipo adequado para este ou aquele drinque, sem aprofundamento nas explicações. O copo é apresentado apenas como recipiente – imprescindível, é claro –, como elemento coadjuvante, como peça secundária nesse fabuloso mundo da coquetelaria. Essa percepção foi fundamental para dar forma a este livro. *Copos de bar & mesa* não pretende ser um manual de procedimentos e técnicas, tampouco um receituário de drinques e coquetéis, mas tem como principal objetivo apresentar ao leitor um dos componentes mais importantes da arte da coquetelaria: o copo. Em sua essência, a abordagem leva em consideração o aspecto estético do copo, estabelecendo uma relação direta entre o elemento artesanal, a cristaleria e a bebida a ser degustada em seu estado mais puro, misturada ou não.

Ao longo dos anos, acumulei uma quantidade razoável de conhecimentos e informações sobre o tema, não só por ter sido responsável pela concepção e planejamento de bares residenciais e comerciais, mas também pela experiência adquirida na administração de hotéis e pela criação, na década de 1970, do bar Santo Colomba, em São Paulo. Nasceu da avaliação dessa trajetória a ideia de registrar e difundir boa parte desse conhecimento neste livro, cujo conteúdo é resultado de leituras e reflexões sobre textos de renomados autores e fruto de uma prazerosa busca, movida pela estranha curiosidade sobre um assunto de certa maneira tão exclusivo. Os frequentes contatos com amigos, empresas do setor, associações nacionais e internacionais de profissionais ligados ao setor de bebidas e com os grandes mestres da cristaleria, da coqueletaria e do vinho também forneceram subsídios importantes e necessários para a realização da obra. No decorrer de todo o trabalho, selecionei e ordenei o material reunido: relacionei os aspectos fundamentais que, na minha opinião, devem ser observados na elaboração de coquetéis clássicos e apresentei uma visão panorâmica da evolução da coquetelaria, transmitindo alguns fundamentos da matéria. Considerei a diversidade de costumes de diferentes países e a influência da moda através dos tempos, pois esses aspectos, de certa forma, contribuíram para que os pressupostos básicos para a elaboração de um drinque fossem se transformando e, muitas vezes, resultassem na perda de suas características. Em sua concepção inicial, o livro trataria apenas dos copos de bar e da coquetelaria. Com o tempo, entretanto, constatei que esses tipos de copo agregavam, cada vez mais, novos companheiros em seu território, provenientes de outros mundos, mais especialmente do mundo privado dos vinhos. Assim, decidi-me pela inclusão de um novo capítulo, relativo aos copos de mesa. Além disso, na seção "Cronologia do estudo de copos", da "Bibliografia comentada", cito obras de renomados autores, com o intuito de facilitar a compreensão dessa evolução centenária e de seus movimentos migratórios da mesa para o bar.

Com este livro, espero compartilhar o conhecimento do uso dos copos de bar e de mesa aqui apresentados, brindando com o leitor os momentos saboreados nas páginas que se seguem. Mais importante ainda é dar ao copo o justo e merecido papel de protagonista dessa fantástica história da coquetelaria e do vinho.

A todos, saúde!

Cristaleria

Uma breve história

O vidro, esse material estranho e fascinante, existe desde o início dos tempos e se formou quando certos tipos de rochas derreteram, como resultado de fenômenos de alta temperatura – erupções vulcânicas, por exemplo – e depois esfriaram e solidificaram rapidamente. Segundo Plínio, o Velho (23 d.C.-79 d.C.), historiador romano autor de *Historia naturalis*, o vidro foi descoberto, por acaso, por mercadores fenícios na região da Síria em torno de 5000 a.C. Ele registrou como esses mercadores, depois de desembarcar, acenderam uma fogueira para aquecer suas refeições e descansaram as panelas sobre blocos de salitre e soda. Com o intenso calor, os blocos começaram a derreter, e os mercadores notaram que do fogo escorria uma substância que se solidificava imediatamente.

Os objetos mais antigos – contas de vidro não transparente – datam de 3500 a.C. e foram encontrados no Egito e na Mesopotâmia, onde, por essa época, as matérias-primas básicas para produzir vidro eram usadas para vitrificar objetos de cerâmica. Foi então que os fenícios espalharam essa nova arte por toda a região mediterrânea.

Entretanto, os fragmentos de vasos de vidro mais antigos datam de 1600 a.C. e também foram encontrados na Mesopotâmia.

Por volta de 1500 a.C., os artistas egípcios a serviço dos faraós faziam contas de vidro e adornos pessoais com a fórmula de uma pasta de vidro maleável. Foram os egípcios os primeiros a utilizar o vidro na produção de recipientes como jarros, tigelas e frascos para perfumes. De fato, foram encontrados três vasos com o nome do faraó Tutmés III (1504 a.C.-1450 a.C.) que, depois de uma campanha militar na Ásia, trouxe artesãos do vidro para o Egito como prisioneiros.

Não houve grandes mudanças na fabricação de vidro até o século IX a.C., quando essa arte ganhou novo impulso na Mesopotâmia e terminou por centralizar-se em Alexandria e, em seguida, na Itália.

A biblioteca do rei assírio Assurbanipal (669 a.C.-626 a.C.), descoberta em Nínive, incluía tabuinhas com referência às fórmulas de fabricação de vidro.

A descoberta da técnica do sopro para fabricação de vidro oco – garrafas, copos, potes, etc. –, que ocorreu em Sídon, é atribuída a artesãos sírios. Desde então, o longo tubo de metal fino utilizado nesse processo mudou muito pouco. No século I a.C., os romanos começaram a soprar o vidro dentro de moldes, aumentando assim a variedade de formas possíveis para objetos de vidro oco.

Também foram os romanos que, com suas conquistas, relações comerciais e construção de estradas, espalharam a tecnologia da fabricação de vidro. Durante o reinado do imperador Augusto (63 a.C.-14 d.C.) começaram a aparecer objetos de vidro por toda a Itália e também em outras partes do mundo conhecido. Por volta do ano 100 d.C., nos edifícios mais importantes de Roma e nas mansões mais luxuosas de Pompeia, instalaram-se as primeiras janelas de vidro.

Nas escavações arqueológicas realizadas ao longo da história, principalmente nas cercanias de Roma, foram encontrados refinados objetos de vidro que resistiram ao tempo, graças ao costume pagão de enterrar os mortos com alguns de seus bens terrenos.

Com a divisão geográfica do império romano no século IV d.C., os artesãos vidreiros migravam menos e os vidros orientais e ocidentais aos poucos adquiriram características mais distintas. Alexandria era o centro produtor mais importante no Oriente, e Colônia, na Alemanha, tornou-se o ponto central da indústria no Ocidente. A partir do século XI começaram a ser produzidas placas de vidro que, unidas, formavam janelas, embora seu uso fosse um luxo reservado a palácios reais e igrejas. As janelas coloridas chegaram ao auge no fim da Idade Média, com um crescente número de edifícios públicos e casas das classes mais altas dotadas de janelas de vidro transparente ou colorido, decorado com cenas históricas e brasões de armas.

Na Idade Média, Veneza assumiu o papel de centro de fabricação de vidro do mundo ocidental. A indústria se tornou tão importante que, em 1271, um estatuto do setor do vidro estabeleceu medidas protecionistas, banindo as importações de vidro estrangeiro e os artesãos estrangeiros que queriam trabalhar em Veneza.

Os frequentes incêndios na cidade, causados pelas fornalhas, levaram as autoridades a ordenar, nessa época, a transferência da indústria para a ilha de Murano, a 5 km de Veneza, facilitando também o controle sobre os segredos da indústria.

Na segunda metade do século XV, os artesãos de Murano começaram a usar areia de quartzo e cinzas de madeira para produzir cristal puro: um século depois, 3 mil dos 7 mil habitantes da ilha estavam envolvidos, de alguma maneira, com a indústria de fabricação de vidro.

Os vidreiros venezianos gozavam de alta reputação entre os outros artistas, pois o vidro era considerado um material muito valioso, chegando a rivalizar com a prata e o ouro nas mesas de jantar.

Equiparados à nobreza, os artesãos desfrutavam de todos os privilégios da classe e levavam uma vida próspera. Para se ter uma ideia, um nobre podia casar-se com a filha de um vidreiro sem perder seu *status*. Porém, se um vidreiro tentasse abandonar a ilha para revelar os segredos de sua produção, o conselho principal da República de Veneza impunha-lhe severos castigos, que podiam chegar à morte.

Essa situação permaneceu até meados do século XVII, quando Luís XIV, ao iniciar a construção do Palácio de Versalhes, praticamente raptou alguns vidreiros de Murano e os levou para a França, que passou, então, a ser o grande centro vidreiro da Europa. Para atrair os artesãos venezianos, o rei lhes concedia, entre outras coisas, nacionalidade francesa depois de oito anos de permanência no país e isenção total de impostos. A França tomou medidas para promover sua própria indústria, tributando pesadamente os vidros importados.

Mas foi só no fim da Revolução Industrial que começaram a aparecer na indústria tecnologias mecânicas para produção de vidro em grande quantidade e pesquisas científicas relacionando a composição do vidro com suas qualidades físicas.

O cientista alemão Otto Schott (1851-1935) estudou os efeitos de numerosos elementos químicos sobre as propriedades óticas e térmicas do vidro.

Um grande passo na evolução da produção de chapas de vidro foi o reforço pela laminação, com a inserção de uma camada de celuloide entre duas placas de vidro, no início do século XX. Até então, a produção era artesanal, usando o sopro e a prensagem para produzir as peças. A partir do século XX foram introduzidos na indústria do vidro fornos contínuos equipados com máquinas automáticas para produção em massa.

O vidro

Produzido a partir de elementos triviais – areia, cinza e cal –, sua fabricação, no passado, esteve sempre envolvida por uma aura de mistério: a simples transformação de areia e cinza em um sólido transparente e incolor, parecendo um cristal de quartzo, era comparada à alquimia.

O vidro é composto de pederneira, areia e sílica, encontrada na natureza sob forma de quartzo, e sua qualidade depende do nível de pureza da sílica. Areias douradas comuns, por exemplo, contêm substâncias, como óxido de ferro, que conferem ao vidro uma coloração verde-escuro. Algumas dessas impurezas podem ser neutralizadas com a adição de magnésio, mas o ideal é utilizar, desde o início, areia branca e clara. Para derreter o silício, são necessárias altas temperaturas, porém, a adição de um fundente reduz o ponto de fusão a uma temperatura que pode ser alcançada em um simples forno a lenha. Os agentes fundentes alcalinos, os sais, como foram chamados, eram de uso geral. A utilização do fundente de soda ou carbonato de sódio resultava no vidro de soda, e o de carbonato de potássio, no vidro de potássio.

Na região do Mediterrâneo, utilizava-se um fundente de soda obtido a partir das cinzas de uma planta marinha, a *Salicórnia Herbácia* ou *Glasswort*, que crescia nos pântanos salgados perto da costa de Alicante, na Espanha, centro da produção desse agente, conhecido como barrilha. Já no norte da Europa, o vidro de potássio era produzido a partir da utilização das cinzas da vegetação queimada das florestas, principalmente samambaias, madeira de faias e de carvalhos. Para a obtenção de um vidro resistente e claro, acrescentava-se também a cal, essencial para assegurar sua estabilidade. Os vidreiros venezianos, por exemplo, obtinham seus claros *cristallos* triturando o cascalho de quartzo encontrado nos rios alpinos.

As técnicas de fabricação

A arte do vidro soprado, técnica para produzir vasos ocos, foi desenvolvida pelos assírios por volta de 50 a.C. Até então, utilizava-se a técnica do caroço, em que o vidro derretido era despejado sobre o centro de uma forma modelada em lama e palha: quando esfriava, era lavado e em seguida retirado do molde. A produção do vidro continua sendo artesanal até hoje, pois a técnica manual de vidro soprado, bem como as ferramentas utilizadas, são praticamente as mesmas há mais de 2 mil anos.

As técnicas tradicionais, de sopro, corte e gravação, no decorrer dos séculos, atestavam o alto nível da habilidade artesanal. Mais recentemente, por volta de 1820, duas inovações desenvolvidas nos Estados Unidos possibilitaram o aumento da produção e da variedade de formas. A primeira delas foi a técnica de soprar em moldes industriais, que permitiu a produção repetida de garrafas e outros recipientes a custo mais baixo, visando acompanhar o crescimento e a modernização da indústria de alimentos, bebidas e medicamentos, e possibilitando o aumento nas vendas de vinhos e conservas domésticas. A segunda inovação refere-se à técnica de prensagem do vidro: coloca-se o vidro em estado líquido em molde de bronze ou ferro aquecido, dando-lhe forma por meio da pressão de um êmbolo no molde. Esse método rapidamente se espalhou por toda a Europa, passando a ser utilizado em todas as grandes cristalerias do continente.

Nos dias atuais, as técnicas mais conhecidas para a fabricação de copos são:

- **Hand blown:** técnica em que o artesão molda o copo assoprando a matéria-prima, ainda em estado líquido, através de um tubo perfurado. Os lábios e os pulmões do vidreiro são as principais ferramentas para se chegar à forma desejada.

- **Blown glassware**: técnica semelhante à hand blown, porém utilizando equipamentos industriais.
- **Pressed glassware**: nessa técnica, o vidro em estado líquido é colocado em vários moldes de desenhos distintos: base, haste e bojo. É um processo de custo mais baixo, utilizado na produção em escala industrial. Atualmente, com o avanço da tecnologia, os copos produzidos a partir desse processo são de boa qualidade e apresentam excelentes condições de limpidez, além de grande variedade de formas.
- **Art glass**: é a etapa final da produção – o acabamento e a lapidação dos copos –, que pode resultar em formas facetadas, prismáticas e extremamente polidas, refletindo a clareza e a transparência do vidro. É um processo caro, considerando a escassez de mão de obra especializada.

Os processos de fabricação do cristal e do vidro são diferentes. O tempo despendido na produção do cristal é quase o dobro do tempo empregado na do vidro, e, como demora mais para endurecer, deve ser manipulado mais devagar e com maior cuidado. Além disso, a matéria-prima é mais cara. Atualmente, quase todas as fábricas do mundo utilizam fornos elétricos na fabricação de cristal. Primeiramente, funde-se a matéria-prima nos fornos elétricos, e em seguida ela passa a ser manipulada por máquinas adequadas. No caso do vidro, utiliza-se o forno a gás, com algum suporte elétrico. A temperatura de fusão do cristal de chumbo é de 1.400 °C, processo que elimina qualquer problema de resíduo. O vidro comum tem seu ponto de fusão a 1.550 °C.

O cristal pode ser de chumbo ou de rocha. O de chumbo pode conter até 24% dessa matéria-prima em sua composição, e é um elemento que apresenta sérios perigos à saúde: por isso, deve ser muito bem tratado quimicamente. Nos Estados Unidos, por exemplo, temendo a contaminação de seres humanos, o cristal de chumbo foi proibido em meados da década de 1980.

A mistura de chumbo, introduzida por volta de 1680, foi considerada uma modificação vital no processamento do vidro e do cristal. As peças passaram então a apresentar um aspecto mais cristalino, maior transparência e maior flexibilidade ou maciez, facilitando o manuseio pelo artesão e possibilitando a criação de peças com paredes mais finas.

Apenas para ilustrar o assunto, pesquisas recentes, realizadas a partir de métodos científicos mais eficazes, mostraram que a morte precoce dos faraós e seus súditos, no Egito, era precipitada pelo costume de beber vinho e outros líquidos em recipientes de chumbo, o que favorecia o desenvolvimento de uma moléstia conhecida como leucopenia, que causa a redução da taxa sanguínea de leucócitos abaixo do limite inferior da normalidade. Atualmente, nos Estados Unidos, não é permitida a adição de chumbo em quantidades acima de 9% na fabricação de peças de mesa, mesmo que o teor ideal para a mistura desse elemento seja de 24%, para a obtenção de um cristal de chumbo de qualidade.

Copo

A arte e a ciência da fabricação de copos

A arte e a ciência de fabricar copos têm como base a simples premissa de que eles devem fazer bem aos olhos e ao paladar, produzir sons musicais e ser aliados indispensáveis para brindar assuntos do coração.

Durante muito tempo e, mais recentemente, com a expansão das indústrias de vidros e cristais, os europeus dedicaram-se ao estudo e desenvolvimento de copos com formatos e dimensões adequadas às bebidas por eles produzidas, como vinhos brancos e tintos, conhaques, champanhes, sherries, portos, licores, cervejas, aquavitas e whiskies. Porém, foram os americanos os principais responsáveis pelo aprimoramento da arte da coquetelaria: introduziram novos hábitos e, especialmente, criaram diferentes tipos e formas de copos.

"Um claríssimo vaso usado para manter fria a bebida a ser degustada, onde a transparência permite apreciar as cores do drinque e a forma auxilia na expansão do buquê" – essa é a definição de copo, dada por Graham & Susan Edwards, no *The Dictionary of Drink*.[1]

---

1 Graham Edwards & Susan Edwards, *The Dictionary of Drink: a Guide to Every Type of Beverage* (Londres: Sutton Pub., 2007).

A análise dessa definição nos leva a algumas conclusões fundamentais, que orientam a escolha correta de um copo. Vejamos:

- O vaso (copo) sugere a ideia do volume do drinque, long (longo) ou short (curto), sendo esta a primeira determinante da escolha.
- A bebida fria remete ao modo de preparo – montado, batido ou mexido – ou seja, indica a temperatura correta para servir a bebida, que constitui a segunda determinante da escolha: copo com pé ou sem pé, grande ou pequeno.
- A terceira e última determinante é a apreciação das cores do drinque e a forma do copo, que nos conduzem ao sabor e ao aroma, por sua vez realçado pelo *shape* (formato do bojo e da borda do copo). Portanto, a escolha correta dos copos em que deve ser servido o coquetel ou o drinque não é tarefa fácil, constituindo mesmo um momento crucial e importante no exercício da arte da coquetelaria.

Cada um é soberano de seu paladar. Não podemos estabelecer regras rígidas sobre qualquer preferência pessoal. Entretanto, lembramos algumas dicas dadas por experientes profissionais que, ao longo do tempo, encontraram respostas positivas e de grande valia sobre o assunto.

O austríaco Riedel, renomado fabricante de copos que produz peças de altíssima qualidade, nos últimos quarenta anos revolucionou os preceitos que orientam a matéria, pois afirma, por exemplo, que o *shape* e o tamanho do copo interferem na percepção do aroma e do sabor da bebida. A qualidade e a intensidade dos aromas são determinadas não somente pela personalidade da bebida, mas também pela afinidade com o *shape* do copo. Riedel fabrica copos projetados de forma que o líquido flua diretamente para a zona correta da língua, a do sabor, permitindo uma perfeita e equilibrada experiência no paladar. Ele considerou a borda do copo um importante ponto de contato com a bebida, quando se inicia a degustação propriamente dita, promovendo o primeiro encontro com as áreas palatáveis dos nossos órgãos dos sentidos, no caso a língua, onde floresce o paladar.

Em seus estudos, Riedel concluiu que a borda redonda inibe a suavidade da bebida e tende a acentuar a acidez; já a facetada permite que a bebida flua de forma mais sedosa e aveludada. Percebeu também que a espessura do cristal atua na mesma zona do sabor.

A relação entre o tamanho do copo e o volume ideal de líquido, quase sempre um terço do volume total, é fundamental para que não haja interferência na qualidade e na intensidade dos aromas. No caso da degustação de vinho, por exemplo, a área de respiração da bebida no copo necessita, em linhas gerais, ser adaptada para cada tipo de vinho, ou seja, jamais deve ocupar todo o espaço do bojo. Vinhos tintos requerem copos grandes, vinhos brancos e espíritos, copos menores, que permitem enfatizar o caráter próprio da fruta, acentuando o álcool.

Considerado o "Homem do Ano de 1995" pelas revistas inglesas especializadas em vinhos, o copo mais famoso de Riedel, o bourgogne gran cru, ocupa lugar especial na galeria permanente do Museu de Arte Moderna de Nova York, por sua beleza e valor técnico.

A permanente evolução da moda acaba por impor mudanças nos hábitos e costumes da sociedade. Nos dias atuais, é bastante comum servir drinques em copos grandes, ao contrário dos utilizados na década de 1920, cujos tamanhos eram incomparavelmente menores. O mesmo ocorre com os copos de vinho. Os apreciadores dessa bebida assimilaram a evolução do *design* e do *shape* e são unânimes em afirmar que para apreciar o vinho em toda a sua essência, quanto maior o copo, melhor, porém sem exageros.

Mais recentemente criou-se o costume de se utilizar copos com pé para servir drinques variados. O copo de vinho tinto, um pouco mais bojudo, também conhecido como paris ballon ou all purpose

EXEMPLO DE BORDA FACETADA.

balloon glass, passou a ter uma utilização mais ampla; o mesmo aconteceu com o copo old fashioned. Na Inglaterra, não é raro servir-se Scotch em copos com pé, similares aos copos de vinho, pois parece que assim a bebida adquire maior importância que quando servida em tumblers; além disso, permanece gelada por mais tempo.

Essas flexibilidades, oriundas dos costumes internacionais e adequadas à praticidade do uso, no entanto, geraram excessos.

EXEMPLO DE BORDA REDONDA.

Sem dúvida, um drinque parece melhor e mais saboroso quando servido em um belíssimo copo, e todo bebedor experiente identifica de pronto a razão. Sabe também que não é somente um belo cristal o responsável pela qualidade do drinque. A ele, soma-se a apresentação do *design* correto, extremamente limpo, na temperatura exata e finalmente uma decoração de bom gosto.

Existem razões de sobra para que a maioria dos drinques seja servida em copos próprios. Em geral, além de serem melhores, são feitos de forma a acolher o volume correto da bebida a ser degustada. Não há requinte maior que servir um coquetel ou um bom vinho em um brilhante, claro e puro cristal facetado, criado por Baccarat, Steuben, Calpi ou Dartington, por exemplo. A combinação da sensação de maciez no tato com o copo, a transparência e o *design*, transformam um jantar, e até mesmo um discreto coquetel, em momentos de supremo prazer.

Em coquetelaria, os copos não são criados para potencializar aromas, mas sim os sabores das bebidas. Eles são elementos que propiciam a apresentação do drinque e preservam a sua temperatura. Deve-se levar em conta o volume e os componentes técnicos dos copos para a execução do drinque, além de se considerar que eles têm funções estéticas diferentes daquelas dos copos de vinho.

Um copo longo de collins – feito para bebidas com muito gelo, frutas, sucos, etc. – é adequado para drinques refrescantes, longos, a serem bebidos em dias de sol de verão muito forte.

Aqui, o fator prinicipal é ser refrescante; os aromas não são levados tanto em consideração como no caso dos vinhos.

Aos poucos começamos a entender que os copos não são apenas simples acessórios de uso diário adaptados à anatomia humana. Eles são muito mais do que isso – interagem com nossos sentidos. Na origem de sua criação está um sopro vital; além disso, possuem uma alma que mexe com o espírito das bebidas.

A palatabilidade do drinque, isto é, seu aroma e sabor somados às cores e temperatura, só se torna verdadeiramente perfeita quando completada pelos vários sons emitidos durante o preparo. Ou seja, o som do líquido e das pedras de gelo agitados pelo barman em uma coqueteleira ou copo de mistura é capaz de produzir uma sensação semelhante àquela que os amantes da música experimentam durante a afinação dos instrumentos da orquestra, nos momentos que antecedem o concerto. O copo é o instrumento que promove a relação perfeita entre a bebida e o prazer da degustação.

As grandes cristalerias do mundo

Existem grandes cristalerias espalhadas por todo o mundo, mas as principais e mais tradicionais estão localizadas na Europa. A Saint-Gobain, na França, é uma das mais antigas – foi fundada em 1665 – e mantém seu prestígio até os dias atuais.

A Baccarat, também na França, instalada na cidade do mesmo nome, na Lorraine – onde existem outras cristalerias similares, porém sem a mesma tradição, técnica e estilo –, foi fundada em 1764, e o cristal que produz é tido como um dos mais refinados do mundo. Atualmente, é considerada um estúdio, ou seja, uma indústria que fabrica produtos de altíssima qualidade, com modelo exclusivo, de produção limitada (coleções). A Baccarat tem muitas lojas em várias partes do mundo, inclusive três no Brasil. Porém, a maior e mais famosa está localizada em Paris, numa mansão de 3.000 m^2 que abriga a sede da empresa, sua loja, a galeria-museu e um restaurante.

Outras cristalerias tradicionais podem, ainda, ser lembradas, como a Lalique, fundada em 1910 pelo artista René Lalique, o grande vidreiro da época do Art Nouveau, e também a Saint Louis.

Atualmente, existem indústrias que são consideradas grandes cristalerias, pela qualidade dos produtos que fabricam. Podemos destacar a Durand, na França, considerada a primeira cristaleria da Europa, e a Calpi, na Itália. Esta última, extremamente moderna, assim como os *designs* de seus produtos, está sediada em uma pequena cidade entre Siena e Florença e possui grande produção. A Schott Zwiesel, fundada em 1872, integra um grande grupo vidreiro alemão que utiliza alta tecnologia; além de copos, fabrica também lentes especiais, como o espelho retrovisor com graduação de luz, utilizados nos carros Mercedes-Benz.

Essas cristalerias mantêm processos de fabricação industrial bastante rigorosos. Desenvolvem desenhos próprios para diversos produtos, investem alto capital em equipamentos e tecnologia, e lançam produtos novos no mercado a cada dia.

É fundamental mencionar, ainda, a Kosta Boda, a primeira cristaleria importante a ocupar posição de destaque por ter começado a utilizar o cristal com maior e mais ousada liberdade artística, introduzindo assim um espírito inovador especialmente no *design* dos copos. Tanto a Kosta Boda como a Riedel produzem cristal de chumbo e estão no rol das cristalerias cujos produtos ditam moda em todo o mundo.

Na Boêmia, o cristal produzido atualmente é considerado um produto popular, vendido a preços bastante baixos. Em geral são lapidados, não para valorizar o *design* da peça, mas para esconder seus defeitos – o que, naturalmente, torna o produto mais grosseiro.

Nos Estados Unidos, a cristaleria Corning, fundada em 1840, não está mais no mercado de copos de cristal, pois vendeu a divisão que fabricava utilidades de mesa. Produzia um cristal finíssimo, desenvolvido com alta tecnologia, utilizada ainda hoje. A americana Steuben, incorporada pela Corning, é outro nome bastante famoso no setor. Produz, talvez, um dos cristais mais finos do mundo; todavia, não mais fabrica copos regularmente, mas somente sob encomenda.

No Brasil, a história da indústria do vidro começou no século XVII, com as invasões holandesas. A primeira oficina de vidro para janelas, copos e frascos foi montada por quatro artesãos vindos com Maurício de Nassau. Com a saída dos holandeses, a fábrica foi fechada. Em 1878, Francisco Antonio Eberard funda a Vidros e Cristais do Brasil, no Rio de Janeiro, que importou máquinas da Europa para fazer garrafas, frascos, copos e artigos de mesa. Funcionou até 1940.

Até os anos 1960, havia na Bahia uma fábrica de cristal de rocha, a Cristaleria Fratelli Vita, fundada em 1902, que produzia garrafas para refrigerantes e raríssimos exemplares de cristais finos. A Cristais Prado também funcionou por muitos anos, mas, como a Fratelli Vita, hoje está extinta. Atualmente, a Cristais Hering e a Cristallerie

Strauss, que funcionam em Blumenau, no estado de Santa Catarina, trabalham com cristal de chumbo, soprado e lapidado à mão. O cristal de rocha é de difícil manipulação e geralmente resulta em um produto com muitos defeitos.

ALGUMAS DAS MAIORES CRISTALERIAS E ESTÚDIOS DO MUNDO		
Baccarat	Cristaleria e estúdio	França
Calpi	Cristaleria	Itália
Christofle	Estúdio	França
Dartington	Cristaleria	Inglaterra
Durand	Cristaleria	França
Edinbourgh	Cristaleria	Escócia
Kosta Boda	Cristaleria e estúdio	Suécia
Lalique	Estúdio	França
Moser	Cristaleria	República Tcheca
Orrefors	Cristaleria e estúdio	Suécia
Riedel	Cristaleria	Áustria
Saint-Gobain	Cristaleria	França
Saint Louis	Cristaleria e estúdio	França
Schott Zwiesel	Cristaleria	Alemanha
Spiegelau	Cristaleria	Alemanha
Steuben	Estúdio	Estados Unidos
Tiffany	Estúdio	Estados Unidos
Waterford	Estúdio	Irlanda

Reconhecendo um bom copo de cristal

O cristal é dotado de força sensual e vital. Em linhas gerais, não é necessário ser especialista, estudioso ou colecionador para reconhecer um bom copo de cristal. Uma pequena dose de bom gosto e a observação apurada de alguns detalhes levam a conclusões bastante acertadas. Alguns fatores, no entanto, podem ser verificados, de modo a facilitar a tarefa. O cristal de boa qualidade apresentará:

- ausência de bolhas;
- clareza na cor, ou seja, transparência;
- timbre ou contraste, que é a característica identificadora da marca no copo;
- perfeição e simetria na lapidação;
- pequena espessura de bojo; quanto mais fino, melhor;
- lustro ou brilho;
- maciez, conferida pelo teor de chumbo; sendo macio, risca com maior facilidade;
- som obtido na borda semelhante a um trinado agudo, ou diapasão. O som pode ser avaliado por meio do número de vibrações emitidas pelo cristal; quanto maior a intensidade da vibração, melhor a qualidade do cristal.

Coquetelaria

Um fenômeno americano

Não se sabe ao certo quando e onde, nos Estados Unidos, nasceu o coquetel, mas sem dúvida trata-se de um fenômeno essencialmente americano, do início do século XIX, produto da Revolução Industrial – período em que foram feitas as grandes fortunas americanas.

É fácil entender que apenas um gole de whisky* ou de Rum, aceitáveis até então, já não satisfaziam o consumidor, uma vez que as pessoas enriquecidas tinham garantido condições para beber algo de melhor qualidade.

E, assim, bartenders criativos alcançaram a fama com seus drinques assinados, que se tornaram clássicos, e as bases da nova coquetelaria foram instituídas.

O lendário professor Jerry Thomas inventou o Martinez, que evoluiu para o Dry Martini. Tom Collins, do Planter's Hotel, em Saint Louis, criou seu famoso drinque em 1858, e também uma versão do Planter's Punch. Johnnie Solon, do Waldorf Astoria, criou o Bronx Cocktail, que se tornou o mais celebrado drinque do hotel.

---

* Optamos pela utilização da grafia inglesa whisky neste livro com o intuito de uniformizar tanto o nome genérico da bebida quanto seus nomes de marca. (N. E.)

No período compreendido entre a virada do século e a Primeira Guerra Mundial os bares, os grandes restaurantes e hospedarias melhoraram a qualidade de seus serviços, e também das comidas e bebidas que serviam.

Os restaurantes americanos adequavam pratos da culinária francesa a seus cardápios e bartenders britânicos adotaram drinques americanos. O whisky de centeio e os Bourbons encontraram novos mercados, e a incipiente indústria de vinho da Califórnia se mostrava promissora.

Entretanto, em 1920 os Estados Unidos da América mergulharam nos rigores da Lei Seca, e as pessoas da indústria de bebidas previram o fim de um período auspicioso, o que felizmente não ocorreu. Pois, em vez de se conformarem à abstinência, os americanos começaram a aprender mais sobre coquetéis.

A euforia própria da década de 1920 estourava: era a época do charleston e da juventude glamurosa das peles e dos *speakeasy*, das banheiras de Gim e das garrafinhas de bolso.

O mundo todo copiava os americanos e seus drinques.

O American Bar do Savoy foi aberto no fim dos anos 1920, sob a direção de Harry Craddock, um americano que misturava a *finesse* inglesa com a picardia americana. Como resultado, surgiram o famoso White Lady e outros coquetéis também célebres, descritos em *The Savoy Cocktail Book*, publicado em 1930.

O Conhaque, uma exclusividade dos muito ricos, era servido em belíssimas garrafas de cristal importado.

O Rum ainda era menosprezado, diante da maior disponibilidade dos gins de qualidade. O Dry Martini, por isso, ganhou destaque, acrescido de traços sutis, derivados de combinações botânicas e misturas saborosas. Passou, então, de duas partes de Gim e uma de Vermute ao Gim puro com gelo, nos anos 1950, não mais podendo ser chamado martini, e nem mesmo de coquetel.

Considerado uma bebida barata, o Rum, no entanto, sofreu uma transformação milagrosa de apreciação nos anos 1930 e 1940, quando os barmen descobriram outros sabores e misturas com suco de frutas que podiam ser adicionados a ele. A popularidade dos drinques feitos com Rum aumentou muito e várias dessas especialidades se tornaram famosas. Foram construídos restaurantes temáticos luxuosos, de inspiração tropical, combinando pratos exóticos das cozinhas caribenha, polinésia e chinesa.

Para muitos clientes, os drinques eram a atração principal, pois se tornavam cada vez mais sofisticados, o que contrastava com a experiência vivida no passado, quando, nos *speakeasy*, a preocupação com flagrantes policiais acarretava o consumo de bebidas até diretamente de frascos e garrafas, ou, ainda, de canecas de café.

Sucos de frutas foram combinados com licores e runs, especiarias e outros sabores, com o intuito de dissimular o conteúdo alcoólico dos coquetéis, e servidos em copos grandes, cocos e abacaxis de cerâmica, conchas, esculturas e copos de bambu decorados com flores, em meio a um cenário exótico iluminado por luzes difusas, ao som de cantos de pássaros e de zumbidos de insetos das florestas.

Logo após a Segunda Guerra Mundial, depois de anos de escassez, o coquetel ressurge. Os clássicos voltam com todo brilho, e os cardápios nos melhores bares orgulham-se de oferecer o Pink Lady, Gim Fizz, Manhattan, Daiquiri, Singapore Sling, Sidecar, Jack Rose, Stinger, Bacardi, Old Fashioned, Rob Roy, Mimosa, Mint Julep, Whisky Sour, Alexander, Champagne Cocktail e Between the Sheets, todos clássicos da coquetelaria.

Depois da guerra, não havia muito o que beber. Foi então que um dono de bar de Los Angeles teve a ideia de começar a usar a Vodca, servindo-a pura – o que significa que a bebida não tinha cor, nem gosto, nem sabor. Para solucionar o problema, o mesmo homem decidiu misturá-la com Ginger Beer, um pouco de suco de limão e gelo – nascia o Moscow Mule.

A Vodca tornou-se então um sucesso, podendo ser misturada com qualquer outra bebida e com frutas, ervas e especiarias, como os russos e poloneses vinham fazendo há muito tempo. O triunfo da Vodca foi completo. O fato é que não ter nenhum aroma, sabor ou coloração criou um apelo mercadológico imbatível – o "não ter" passou a ser o *plus*. Surgira um destilado alcoólico que poderia ser misturado a qualquer outro ingrediente.

No final da década de 1950, as bebidas com Vodca estavam nas listas das dez mais consumidas em todo o mundo. Do dia para a noite, o Bloody Mary converteu-se num *best-seller*. A Vodca abalou a tradicional posição do Gim como refrescante de verão misturado com tônica, e muitos apreciadores de martini trocaram o Gim pela Vodca. Proliferaram as invenções com Vodca, como o Screwdriver, o Bull Shot, etc., que se tornaram conhecidos em toda parte. Até o Vodcatini surgiu batido, não misturado!

A maior lição que podemos extrair desse episódio é que o que se busca é o sabor, o vigor, o aroma e a apresentação do drinque.

Hoje, a coquetelaria utiliza métodos simples, mas eficientes, para melhorar seus resultados.

Drinques e copos no cinema americano

O poder de comunicação da indústria cinematográfica americana influenciou ou contribuiu para a criação de vários coquetéis de estilo único, que se tornaram clássicos.

Cada um deles tinha uma história para contar, com a participação de grandes estrelas do mundo hollywoodiano.

Frases, olhares, cenas, momentos memoráveis eram celebrados com drinques e coquetéis em qualquer ocasião. De um sofisticado *pre-dinner cocktail hour* a um evento descontraído ao ar livre na beira de uma piscina ou perto do mar.

Receitas e equipamentos também eram acrescentados, valorizando sua qualidade através de suas muitas aparições, em todos os momentos.

Isso também valia para aperitivos, digestivos, drinques para todas as ocasiões, inclusive aqueles do *day after the night before*. São exemplos:

- **Americano**: servido em um highball, é visto em cena de *The Roman Spring of Mrs. Stone* ("Em Roma, na primavera", direção de José Quintero, 1961), com Vivien Leigh e Warren Beatty.
- **Bloody Mary**: servido em um tumbler, é mostrado em *The Girl Can't Help It* (direção de Frank Tashlin, 1956), com Tom Ewell, Jayne Mansfield e Edmond O'Brien.
- **Champagne Cocktail**: servido no champagne coupe, está presente em *Casablanca* (direção de Michael Curtiz, 1942), estrelado por Humphrey Bogart e Ingrid Bergman.
- **Daiquiri**: servido no delmônico, aparece em *To Have and Have Not* ("Ter e não ter", dirigido por Howard Hawks, 1944), com Humphrey Bogart, Walter Brennan e Lauren Bacall.
- **Dry Martini**: servido no cocktail glass, aparece em *After office hours* ("Tudo pode acontecer", direção de Robert Z. Leonard, 1935), com Clark Gable e Constance Bennett. O mesmo drinque e copo surgem, em destaque, no filme *After the Thin Man* ("A comédia dos acusados", direção de W. S. Van Dyke, 1936), com Myrna Loy e William Powell.
- **Egg Nog**: visto em *The Man Who Came to Dinner* ("Satã janta conosco", direção de William Keighley, 1942), com Bette Davis, Ann Sheridan, Monty Woolley, Richard Travis e outros. O mesmo filme mostra os drinques Mint Julep, Tequila Sunrise, Cuba Libre, Piña Colada e Margarita.
- **Gibson**: servido no cocktail glass, é fotografado em *All about Eve* ("A malvada", direção de Joseph L. Mankiewicz, 1950), com Bette Davis, George Sanders e Anne Baxter.

- **Hot Toddy**: visto em *Cat on a Hot Tin Roof* ("Gata em teto de zinco quente", direção de Richard Brooks), com Paul Newman e Elizabeth Taylor.
- **Kir Royale**: servido no copo para vinho branco, aparece em *The Philadelphia Story* ("Núpcias de escândalo", direção de George Cukor, 1940), com Cary Grant, Katharine Hepburn e James Stewart.
- **Mai Tai**: servido no copo on the rocks, aparece em *Blue Haway* ("Feitiço havaiano", direção de Norman Taurog, 1961), estrelado por Elvis Presley, Joan Blackman, Angela Lansbury e outros.
- **Manhattan**: servido em um cocktail glass de borda reta em *Murder at the Vanities* (direção de Michell Leisen, 1934), estrelado por Gertrude Michael e Victor McLaglen.
- **Mojito**: servido em um highball, aparece em cena de *Our Man in Havana* (direção de Carol Reed, 1959), com Alec Guinness, Burl Ives, Maureen O'Hara e outros.
- **Old Fashioned**: servido no copo de mesmo nome em *Now Voyager* ("Estranha passageira", direção de Irving Rapper, 1942), com Bette Davis e Paul Henreid.
- **Pink Gim**: servido no cocktail glass, surge em cena em *Dark Victory* ("Vitória amarga", direção de Edmund Goulding, 1939), com Bette Davis e George Brent.
- **Planter's Punch**: servido no highball, figura em *Gone with the Wind* ("E o vento levou", direção de Victor Fleming, 1939), com Vivien Leigh e Clark Gable.
- **Rob Roy**: servido em um cocktail glass em *Angels over Broadway* (direção de Ben Hecht e Lee Garmes, 1940), com Douglas Fairbanks Jr. e Rita Hayworth.
- **Rusty Nail**: servido no copo on the rocks, surge em cena de *The Last Weekend* ("Farrapo humano", direção de Billy Wilder, 1945), com Ray Milland e Jane Wyman.

- **Screwdriver**: servido em um highball, é exibido em *From Here to Eternity* ("A um passo da eternidade", dirigido por Fred Zinneman, 1953), estrelado por Burt Lancaster, Montgomery Clift, Deborah Kerr, Frank Sinatra e outros.
- **Tom Collins**: servido em um highball large, surge em cena de *Humoresque* (direção de Jean Negulesco, 1946), com Joan Crawford e John Garfield.
- **Vodcatini** ou **Vodca Martini**: servido no cocktail glass, foi celebrizado em várias adaptações cinematográficas dos romances de Ian Fleming, nos quais o personagem James Bond o saboreia. O drinque aparece também no filme *My Man Godfrey* ("O galante vagabundo, direção de Henry Koster, 1957), com David Niven e June Allyson.
- **Whisky Sour**: servido em um delmônico, é fotografado em *The Seven Year Itch* ("O pecado mora ao lado", direção de Billy Wilder, 1955), com Marilyn Monroe e Tom Ewell.

Principais fundamentos

Os órgãos dos sentidos constituem as portas para as sensações do corpo humano, que são percebidas tanto de forma isolada como conjuntamente, criando uma sensação global.

Ao tomarmos uma bebida, destilada ou fermentada, passamos a exercitar quatro zonas sensoriais do nosso organismo – a visão, o olfato, a gustação e o tato –, promovendo uma avaliação hedônica, estimulada pelo simples prazer de beber (ver "Degustação", no capítulo "Copos de mesa").

Na realidade, a maioria das pessoas tem preferência pelo gosto das bebidas, por seu aspecto, e verifica se está gelada ou não. Já o hedonista, por sua vez, busca prazer e satisfação.

Experimentar e estabelecer comparações entre diferentes bebidas, identificar precisamente o sabor e o aroma para descrever o gosto, diferenciar essas sutilezas é uma habilidade essencial para o iniciado em coquetelaria.

Uns a chamam de talento, outros acham que essa habilidade pode ser adquirida. De uma forma ou de outra, é uma sutil demonstração de bom gosto.

A lida com drinques misturados, múltiplas bases, proporções, doses, medidas, receitas, combinação de sabores, temperos, ervas, especiarias, adoçantes, frutas, sucos, agentes modificadores, equipamentos e utensílios, a utilização correta dos copos de bar, os segredos do gelo, dos clientes, as técnicas de preparo exigem procedimentos muito delicados e especiais na arte da coquetelaria.

Para adentrar esse mundo interessante, rico e maravilhoso, vamos fazer uso da experiência de três craques em coquetelaria, reconhecidos mundialmente: Luigi Veronelli, Oscar Haimo e Enzo Antonetti.

Definição de coquetel

É a combinação de bebidas, incluindo vinho, perfumarias, adoçantes, sabores adicionados, enfeites e variados temperos, que podem ser consumidos antes das refeições.

Nos dias atuais, o termo coquetel se confunde com aperitivo, e usualmente consiste de uma bebida-base, como Gim, Whisky, Rum, Conhaque, Vodca, e até mesmo vinhos, como Porto, Sherry e Champanhe, algumas vezes acrescida de açúcar, mel ou flavoury. Optamos, no desenvolvimento deste tópico, pela utilização de três correntes que apresentam diferentes pressupostos com relação ao preparo dos drinques, e que revelam, de maneira interessante, quase tudo o que se refere ao conteúdo dos copos de bar.

Primeiramente, a do italiano Luigi Veronelli, autor de diversos livros e considerado um dos maiores especialistas europeus em bebidas e alimentos. Profundo conhecedor da matéria, Veronelli sugere que na preparação de um verdadeiro coquetel devem, sempre, ser considerados os seguintes componentes:

Sapore	sabor
Colore	cor
Profumo	perfume
Secchezza	secura
Vigore	vigor ou alma

A segunda corrente é representada por duas outras personalidades internacionalmente reconhecidas na área: Oscar Haimo, também autor de obras importantes, fundador e presidente da International Bar e Managers Association, maître de bar do Hotel Pierre, em Nova York, do Ritz Carlton, em Paris, e do Cassino de Monte Carlo; e o premiadíssimo Enzo Antonetti, primeiro barman do Claridge de Buenos Aires durante vinte anos, e por duas vezes campeão do mundo de coquetelaria, além de famoso autor de livros temáticos. No entender de ambos, os verdadeiros elementos que compõem o coquetel são:

- a base;
- o agente modificador;
- o flavour ou aroma.

A terceira corrente é a da IBA – sigla em inglês da Associação Internacional de Bartenders –, adotada tanto nas publicações e nos cursos que promove quanto no julgamento de concursos internacionais. Ela recomenda atenção a dois aspectos: a técnica de preparo, que constitui quesito de pré-julgamento na atitude do barman; e a degustação, que leva em consideração o aroma, o sabor e a aparência do drinque.

De posse desses fundamentos, podemos estabelecer que a bebida-base é responsável pela presença marcante do drinque, ou seja, é a alma da bebida, como preferem alguns. O agente modificador tem a propriedade de complementar a bebida-base, porém sem pretender suplantá-la, o que a descaracterizaria. Tal agente modificador deve agir de forma harmônica, suavizando ou aromatizando o coquetel, para conferir-lhe personalidade. Em outras palavras, se a base do drinque é o Gim, a bebida deverá, sempre, ter sabor de Gim. O mesmo vale para a Tequila, o Rum e o whisky. Os agentes que possuem a capacidade de ampliar e melhorar a cor, o sabor e o aroma do drinque devem ser usados com moderação – por serem muito concentrados, podem anular a base.

Quanto ao flavour ou aroma, consideramos que sua função é exclusivamente realçar as características dos elementos já utilizados de forma conjunta.

Poderíamos, quem sabe, acrescentar um fator de refresco? Seria gelado? Quente? Levanta o espírito? Ou talvez o aftertaste, retrogosto? Quanto tempo dura o sabor do drinque na boca?

AVALIAÇÃO DE UM DRINQUE

Quando estiver provando um drinque, mesmo num elegante restaurante, demore o tempo que for necessário para avaliá-lo bem. Observe-o, verificando se parece apetitoso, se parece refrescante, se a cor é atraente. Sinta seu perfume por várias vezes. Seu olfato identifica apenas um aroma?

Depois experimente-o: sorva um gole e rode-o na boca, concentrando-se em sua primeira reação. Por fim, engula e avalie as sensações. Tome outro gole, e mais outro, inalando um pouco de ar com o líquido.

Parece diferente na segunda e na terceira vez? Como? O aftertaste é agradável, deixa uma boa lembrança após o primeiro drinque? Você tem vontade de tomar outro? Não imediatamente? Um dia, quem sabe, ou nunca mais?

Categorias básicas de coquetéis

Os principais coquetéis consumidos no mundo são, geralmente, divididos em duas categorias básicas, em que o volume e o modo de preparo da bebida definem as regras do jogo: drinques curtos e longos.

Quanto ao volume, são chamados drinques curtos aqueles que genuinamente possuem maior teor alcoólico e volume aproximado de 100 mℓ. Já os drinques longos caracterizam-se por ser levemente alcoólicos, servidos com muito gelo e, geralmente, incluir frutas em sua composição. Seu volume pode chegar a 500 mℓ.

Quanto ao preparo, os drinques podem ser montados ou batidos. Montados são os elaborados diretamente nos copos em que serão degustados, portanto na mis-en-place da barra do bar, de preferência aos olhos de quem vai saboreá-los, para que todas as etapas da preparação possam ser apreciadas de perto. Batidos são drinques misturados, conforme a densidade da bebida, no shaker ou no processador, com ou sem gelo, quentes ou frios, coados ou não.

Há também os drinques mexidos, preparados no copo de mistura e servidos diretamente no copo adequado, pré-gelado ou não, na barra do bar ou diretamente na mesa do cliente. Existe atualmente algo em torno de 10 mil drinques reconhecidos pelo *New York Bartender Guide*, notando-se certa confusão entre os termos empregados para descrever e classificar os vários tipos, muitos deles hoje em desuso: cobblers, coolers, crustas, cups, daisies, fixes, puffs, flips, juleps, negus, nogs, sangarees, slings, smashes, rickeys, coladas, bowls, entre outros.

Adotamos aqui uma classificação consensual, elaborada a partir de uma listagem contemporânea, levando em consideração alguns fatos históricos e da moda.

Drinques alcoólicos

- **Chaser**: mistura que se toma depois de um shot de whisky ou outra bebida. Originalmente, nos Estados Unidos, o Boilmaker era um shot e cerveja, ou seja, um gole de whisky seguido de um chaser de cerveja. Na Inglaterra, cerveja meio escura e meio clara.
- **Cobbler**: drinque servido em copos highball ou collins, com gelo amassado, e decorado com fruta fresca e galhinhos de menta. Pode-se usar qualquer tipo de vinho ou bebida, com ou sem adoçante. Um dos clássicos era feito de xarope de cereja e abacaxi, com enfeites de frutas.
- **Coladas**: as bebidas coladas são invenção recente da coquetelaria. Apreciadas no mundo todo, incluem entre seus ingredientes uma base alcoólica, creme de coco ou leite de coco e suco de abacaxi.
- **Collins**: sours, ou fizzes, adicionados de soda, geralmente servidos diretamente em copos maiores, decorados com limão ou cereja. Os collins são apenas mexidos no copo de mistura, nunca batidos. É importante observar que os drinques não batidos apresentam coloração diferente dos demais – o que é primordial, como no caso do delicioso Tom Collins. Já os fizzes possuem a mesma composição, porém são batidos, acrescentando-se club soda ao copo, como no caso do Gim Fizz.
- **Crusta**: drinque curto, com uma casca de laranja ou limão, que tem como base várias bebidas; o de Brandy é o típico.

- **Cup**: tipo de ponche preparado no próprio copo e não na poncheira.
- **Daisy**: drinque longo adoçado com xarope de fruta, como a framboesa, servido com gelo batido e canudinho.
- **Egg Nog**: grupo de coquetéis em que se utilizam ovos, açúcar, uma base alcoólica e cremes. São geralmente batidos com muito gelo, podendo-se colocar sobre a bebida canela ou noz-moscada ralada. Têm como base Sherry, Madeira, Porto, Rum ou Brandy, adicionado ao creme no final do preparo.
- **Fizz**: há muitas receitas de fizzes e, como o nome sugere, são processadas em uma garrafa ou sifão, para formar as borbulhas. O Gim Fizz é típico, assim como o Tom Collins, o Silver Fizz e o Sloe Gim Fizz.
- **Flips**: muito semelhantes aos Egg Nogs, porém não utilizam o creme. Bons exemplos são o Brandy Flip, o Sherry Flip e o Porto Flip.
- **Frappé**: combinação de álcool e leite com club soda, servido num copo old fashioned.
- **Grogue**: originalmente mistura de Rum e água, usada pela tripulação da Marinha Real inglesa, e depois aprimorado com a adição de suco de limão e açúcar. Hoje esse nome designa qualquer bebida feita com Rum, fruta e adoçantes, servida fria ou quente, em uma caneca ou copo grande.
- **Highballs**: drinques compostos de uma base alcoólica, água, soda e tônica. São preparados geralmente com Scotch whisky, Gim, Vodca, Bourbon ou Conhaque, e servidos com muito gelo. O highball permite uma decoração variada. Bons exemplos são o Gim-tônica, o Horse Neck e o Bourbon Highball. Hoje em dia, é qualquer bebida feita com Rum, fruta e adoçantes, servida fria ou quente numa caneca ou copo grande.

- **Hot drinks:** ideais para se tomar no inverno, por serem quentes são preparados em copos mais resistentes. A base alcoólica nunca é fervida, apenas aquecida. O Irish Coffee, o Hot Tea e o Hot Wine são os mais conhecidos.
- **Juleps:** provavelmente os drinques mais antigos no rol dos coquetéis. Os juleps são elaborados combinando-se Bourbon ou Rum, açúcar, folhas de menta macerada e muito gelo. Apresentam uma soberba crusta no copo tumbler, o tipo adequado para saboreá-lo. São famosos o Mint Julep e o Mojito.
- **Mist:** copo repleto de gelo esmagado, ao qual se acrescenta a bebida pura.
- **Mull:** vinho aquecido e servido como ponche.
- **Neat:** shot tomado de uma só vez, também chamado shooter.
- **Negus:** vinho quente e doce, com ou sem especiarias. Porto ou Xerez são tradicionais.
- **Nightcap:** qualquer drinque tomado antes de ir dormir. Ponche de leite, chocolate, licores ou vinhos fortificados.
- **On the rocks:** bebida servida somente com gelo.
- **Pick-me-up:** qualquer mistura destinada a suavizar os efeitos dos exageros com as bebidas alcoólicas.
- **Ponches:** famosos e muito consumidos em toda a região do Caribe, os ponches são elaborados à base de Rum, a que se adiciona grande variedade de sucos.
- **Sangaree:** drinque grande contendo bebida gelada, vinho ou cerveja, às vezes adoçado e/ou com noz-moscada ralada. Existe, também, o Sangaree quente.
- **Shooter:** um gole de bebida tomada pura. Também chamado neat.
- **Sling:** drinque grande, feito com suco de limão e açúcar, geralmente servido frio ou com club soda. O mais famoso é o Singapore Gim Sling. Também pode ser servido quente.

- **Sour**: feito de suco de limão, açúcar e a bebida. O Whisky Sour é o clássico, mas também pode ser feito com Vodca, Gim, Conhaque ou licores, geralmente de abricô ou pêssego. São servidos no copo delmônico ou copo para coquetel, dependendo do volume.
- **Swizzle**: originalmente Rum com gelo amassado, com bastãozinho ou colher para mexer nas palmas das mãos. É uma invenção caribenha, servida num highball large ou em copo collins.
- **Toddy**: bebida quente feita com açúcar, especiarias, cravo, canela e casquinha de limão misturados com água quente. Pode ser servida fria.
- **Tot**: pequena porção de qualquer bebida; um shot, um touch.

Drinques não alcoólicos

Um bar completo tem, necessariamente, de dispor de uma boa variedade de sucos e de frutas frescas para o preparo dos drinques alcoólicos. Em decorrência, e como resultado da criatividade dos barmen, surgem os coquetéis não alcoólicos.

Há que se cuidar, no entanto, para que o bar não venha a se transformar em um balcão de suco de frutas.

Coquetéis de Champanhe

Os coquetéis de Champanhe, terminologia adotada nos dias atuais, são os que utilizam Champanhes e espumantes misturados a outros componentes, dando origem a coquetéis famosos como o Kir, ou mesmo os fantásticos Black Velvet e Bellini ou Mimosa.

Bowls

Na realidade, a categoria dos bowls não chega a ser considerada uma bebida de bar propriamente dita, mas é bastante comum, na Europa, servi-la como aperitivo da casa. Os bowls são drinques compostos de uma base alcoólica, geralmente vinho ou espumante, frutas, ervas e água mineral. Algumas receitas sugerem a adição de soda ou ginger ale. Regra geral, são servidos nas festas em grande quantidade.

Vinhos

É bastante comum o consumo do vinho aperitivo que, em relação aos vinhos comuns, apresenta maior teor alcoólico e pode ser servido puro, tanto antes como depois das refeições, em substituição aos licores e conhaques. Os amargos, puros ou misturados a algum outro ingrediente, também constituem uma categoria bastante apreciada. São eles: Punt e Mes, Madeira, Sherez, Porto, Cynar, Dubonnet, Campari, Fernet, Underberg, Pernod, Pastis, etc.

Os europeus têm o costume secular de beber vinho como complemento das refeições. Nos dias atuais, nos países consumidores de vinho, a bebida também é servida em festas e coquetéis, favorecendo o vinho branco, que passou a ser o mais consumido: três em cada cinco garrafas. Na Inglaterra, o consumo atinge 70% de todo o vinho consumido; na Alemanha chega a 90%. Mesmo nos países onde tradicionalmente o vinho é presença constante, o branco avança, embora o tinto continue a ser o preferido dos conhecedores.

As pessoas estão descobrindo o que nossos ancestrais descobriram há centenas de anos: que o vinho é maravilhoso para misturar, um ingrediente delicioso e adequado para todo tipo de situações, podendo ser oferecido tanto como bebida social como em ocasiões especiais.

Temos aprendido muito sobre vinho, mas o mais importante é que aprendemos a nos sentir confortáveis com ele, desfrutando-o pelo que é: uma bebida íntegra, natural e satisfatória que, se ingerida com moderação, pode ser benéfica na busca da felicidade e do prazer da vida.

Neste capítulo sobre coquetelaria, estamos mais interessados no uso cotidiano do vinho como um importante ingrediente da coquetelaria que em seus usos tradicionais. Vinhos de diferentes tipos estão conferindo nova dimensão aos coquetéis, coolers (refrigerantes), ponches e drinques para festas, uma área do mundo das bebidas normalmente considerada domínio dos destilados.

Esse é um ponto de vista relativamente recente, já que na Europa o vinho tem sido utilizado há muito como ingrediente básico para numerosas receitas de drinques. Desde tempos mais remotos, o vinho tem sido adoçado e temperado de muitas maneiras, às vezes para melhorar o gosto de um vinho, mas normalmente para preservá-lo.

Na Grécia Antiga, Hipócrates, o pai da medicina, inventou uma mistura adoçada com mel e temperada com especiarias, como a canela, que ficou conhecida como Hipocraz, bebida popular bastante difundida.

Muitos dos vinhos fortificados de hoje, tais como Sherry, Porto e Madeira, também chamados aperitivos, têm suas raízes nos vinhos aromatizados da Antiguidade. O Glühwein, por exemplo, uma conhecida bebida quente para ser tomada depois de esquiar, não é mais que uma moderna Hipocraz. O Maiwein (vinho de maio) que contém *woodruff*, uma erva aromática, segue a venerada tradição de aromatizar vinhos com especiarias, ervas, frutas e flores: a maioria dos ponches modernos com frutas, licores de frutas e especiarias, e adoçados com xaropes e mel, tem como base receitas antigas. A sangria e o clericot são bons exemplos.

O barman moderno utiliza uma variedade de vinhos – vinhos de mesa, vinhos de sobremesa, espumantes e até aperitivos muito aromatizados – como importantes ingredientes para a mistura de drinques. O Champanhe ou o vinho espumante de boa qualidade aparecem em muitas receitas.

Os franceses, aliás, não só inventaram o Champanhe como também nos ensinaram a misturá-lo com outros ingredientes, produzindo bons drinques.

Equipamentos e utensílios

A incrível popularidade alcançada pelos coquetéis entre os anos 1920 e 1935, sobretudo durante a vigência da Lei Seca nos Estados Unidos, também conhecida como *The Cocktail Age*, resultou na criação de uma infinidade de drinques que se tornaram mundialmente famosos. Nessa época, surgiu a necessidade de adaptar e aperfeiçoar utensílios e equipamentos de bar, como colheres, misturadores, raladores e filtros, entre outros; ocorreu, também, uma grande diversificação de modelos de copos de bar ou de coquetelaria. Esse período favoreceu ainda a introdução de novos ingredientes no preparo das bebidas, como frutas, ervas, legumes, pimentas, açúcares, sais coloridos e aromatizados e, com relação à decoração, houve grandes inovações, como o uso criativo das cascas de frutas e outros elementos.

Nas consultas feitas a dezenas de livros, guias e manuais de coquetelaria – citados na "Bibliografia", no fim deste livro –, com o objetivo de confirmar dados e enriquecer a pesquisa, verificou-se que praticamente a totalidade das publicações dedicam um capítulo especial, ilustrado, para tratar dos equipamentos e utensílios de bar, listando-os e descrevendo-os, um a um. Tratam-se de orientações fundamentais para os que se interessam pela matéria e costumam praticar a arte da coquetelaria. Também neste livro, foi definido um

MIXING GLASS BOSTON SHAKER SHAKER

SIFÃO SOQUETE DE PAU-MARFIM BALDE PARA GELO

rol de apetrechos e instrumentos considerados essenciais, acrescido de comentários e dicas sobre sua utilização.

É oportuno sublinhar que, atualmente, a ampla oferta de produtos nacionais e importados relativos ao bar e à coquetelaria facilita a montagem de um bar e, de certa forma, torna qualquer listagem incompleta. Além disso, com o avanço da tecnologia, estão disponíveis no mercado equipamentos e máquinas modernas, que reduzem o tempo e as etapas de preparação de um coquetel.

Um bar equipado, dotado de apetrechos e instrumentos adequados, proporciona sucesso no preparo das mais variadas receitas de coquetéis. Vários itens podem ser relacionados, no entanto, algumas peças são consideradas essenciais – as principais e também as mais atraentes são a coqueteleira e o copo de mistura.

- **Coqueteleira**: utilizada no preparo de drinques que contêm suco ou xarope e que precisam ser batidos. É geralmente feita de materiais como inox, plástico ou vidro resistente. O boston shaker, nome original da peça, é composto de dois recipientes em forma de copo, que se encaixam. Normalmente, um é de vidro e o outro de metal. Era, outrora, o tipo preferido pelo barman profissional. O shaker clássico, de duas peças metálicas, é o mais comum atualmente. A parte maior é feita para conter gelo e líquidos; na parte superior, encaixa-se a tampa, que complementa a peça com o coador.
- **Copo de mistura**: recipiente adequado para mexer ou misturar drinques que não necessitam ser batidos. Não é indicado para o preparo de drinques opacos. O ideal é que o copo de mistura seja suficientemente grande para conter, no máximo, quatro coquetéis. Existem versões com medidas para um, dois e três drinques.

Há mais utensílios que podem ser mencionados, mas que não são imprescindíveis em bares residenciais. Já em estabelecimentos comerciais, o barman deve dispor dos equipamentos adequados, tendo em vista a agilidade e a presteza no atendimento, a qualidade e a constância no preparo e apresentação dos coquetéis.

Entre tantos, podemos citar os medidores e os copos curtos ou jarras com medida, que são fundamentais para medir a dose exata das bebidas que compõem o coquetel. O liquidificador é um equipamento importante para a elaboração de coquetéis que devem ter espuma ou ser batidos com gelo picado, mas apresenta o inconveniente de produzir ruído no salão.

A peneira, ou escumadeira, serve para coar o drinque diretamente da coqueteleira para o copo em que o coquetel será servido. A melhor é a de inox, que em geral se assemelha a uma colher plana com furos e arames entrelaçados ao redor. A peneira se encaixa no topo do copo, deixando as frutas, os outros componentes e o gelo separados do líquido.

A colher de bar, ou bailarina, como é conhecida no Brasil, é utilizada para mexer o drinque diretamente no copo em que vai ser degustado. É uma colher de haste longa o suficiente para alcançar o fundo de uma coqueteleira ou do copo mais longo disponível no bar. Algumas variedades são semelhantes a um pequeno mexedor de cabo longo com uma paleta na base.

O soquete, ou amassador, é uma peça longa e arredondada na base, utilizada para macerar frutas, folhas de menta e açúcar para o preparo de juleps e outros drinques, servindo também para amassar os ingredientes no copo de bar. Os soquetes menores são indicados para o preparo da bebida diretamente em copos individuais. É um apetrecho fundamental, uma vez que proliferam as variedades de batidas, caipirinhas e coquetéis que utilizam frutas frescas. É importante observar que o soquete deve ser de um material que não retenha odores ou sabores, para não transferi-los à bebida. O de pau-marfim, por exemplo, é um dos mais adequados, mas hoje tornou-se raro.

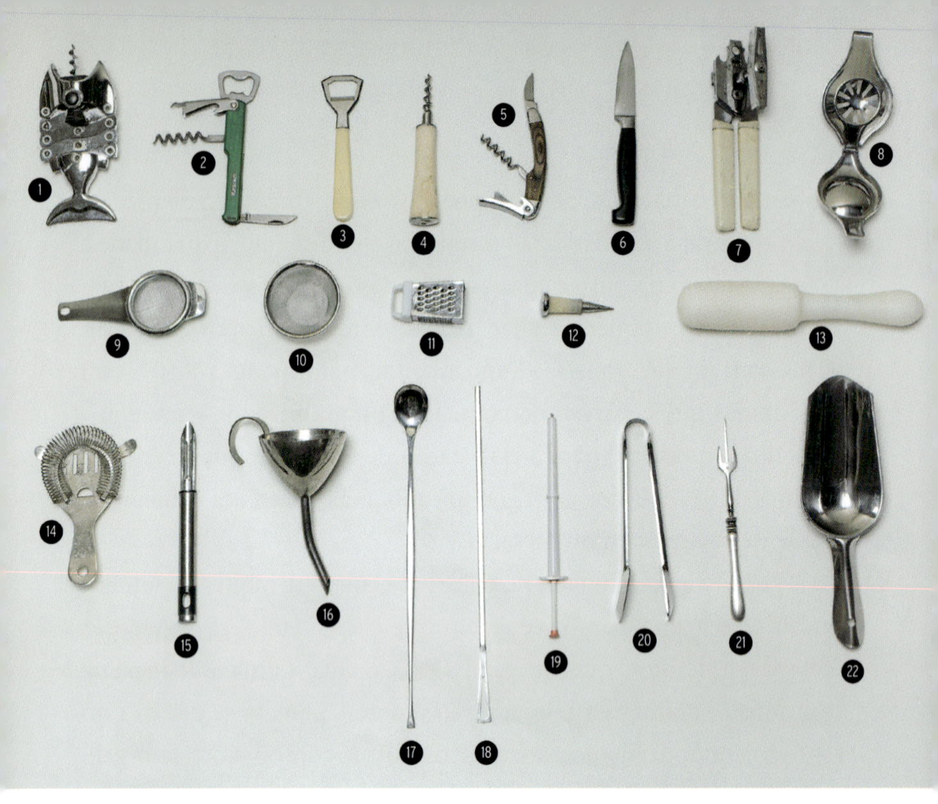

1. Saca-rolha
2. Saca-rolha múltiplo
3. Abridor de garrafa
4. Descascador de frutas
5. Saca-rolha múltiplo
6. Faquinha de bom corte
7. Abridor de lata
8. Pequeno espremedor de frutas
9. Peneira fina
10. Peneira grossa
11. Ralador de noz-moscada
12. Furador de lata
13. Soquete de náilon
14. Escumadeira
15. Extrator de casca de frutas
16. Funil
17. Colher misturadora ou bailarina
18. Haste misturadora
19. Catador de pimenta ou azeitona
20. Pinça
21. Espeto
22. Pá

Outros apetrechos podem ser lembrados, como o saco para triturar gelo, ou mesmo um limpíssimo pano de prato utilizado exclusivamente para esse fim, e o saca-rolhas, cujos modelos dobráveis, que incluem também abridor de latas e de garrafas, são os mais úteis e de mais fácil manipulação.

É essencial, também, ter à disposição boas facas e um espremedor, manual ou elétrico, para cortar e extrair o suco de frutas, e ainda um ralador pequeno, com furos também pequenos, para ralar noz-moscada na finalização de Egg Nogs e outros drinques com espuma (alguns barmen fazem uso da clara de ovo batida para dar melhor aspecto à espuma do coquetel).

Guarnições

As guarnições em drinques e coquetéis, se utilizadas adequadamente, sem exagero sobretudo no que diz respeito a frutas, deixam um coquetel mais atraente. Já os drinques preparados em copos simplesmente congelados com crusta de sal ou açúcar, por si só já são vistosos, dispensando qualquer outro elemento de decoração.

As guarnições comestíveis conferem cor e sabor à bebida e refletem os vários ingredientes do coquetel. São necessários, no entanto, alguns cuidados na escolha e processamento das frutas. As cítricas, por exemplo, fartamente utilizadas, podem ser previamente cortadas e conservadas por um dia na geladeira, em recipiente coberto. Já a maçã, a pera e a banana perdem a cor quando expostas ao ar. Frutas frescas e macias, como morango, cereja, pêssego, abricot e ameixas, dão um colorido extraordinário ao drinque, porém estão disponíveis somente em determinadas épocas do ano.

Frutas exóticas, como a manga, o abacaxi, o kiwi e a carambola, podem ser encontradas constantemente e, por suas formas e cores, inspiram inúmeras combinações decorativas. Cerejas ao marasquino também são outra opção bastante comum.

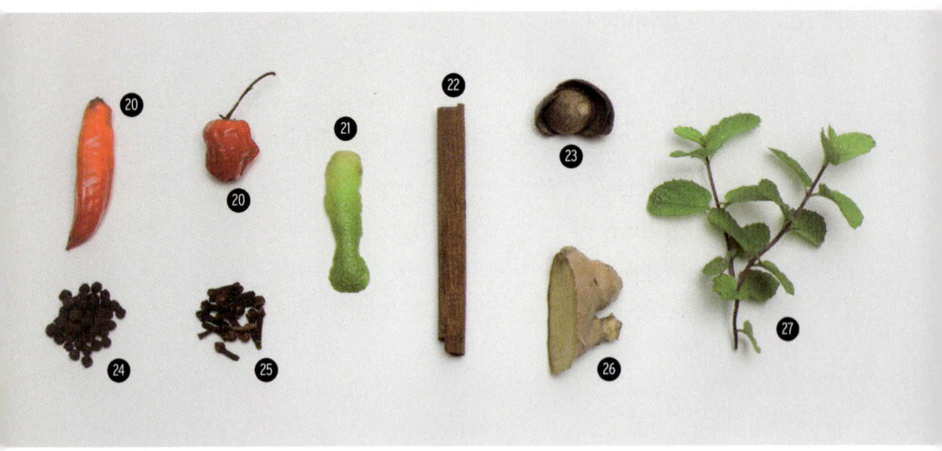

1.	Carambola	15.	Abacaxi
2.	Kiwi	16.	Mexedores
3.	Maracujá	17.	Castanha-de-caju
4.	Abricot	18.	Cebolinha
5.	Cereja em calda	19.	Guarnições montadas
6.	Salsão	20.	Pimenta
7.	Limão-galego	21.	Casca de limão
8.	Limão tahiti	22.	Canela
9.	Grão de café	23.	Noz-moscada
10.	Pêssego	24.	Pimenta-do-reino
11.	Azeitona	25.	Cravo
12.	Laranjinha	26.	Gengibre
13.	Canudinhos	27.	Hortelã
14.	Palitos		

Os enfeites e as guarnições dos coquetéis não se limitam às frutas. Chocolate ralado e noz-moscada são usados nos Egg Nogs e flips. A azeitona, conservada em água e sal e não em óleo, é essencial na composição de alguns martinis. Pimentas picadas são parte integrante do Steeped Chili Vodca ou mesmo da Vodca convencional. E o verdadeiro Gibson – um tipo de martini seco – não pode ser servido sem uma deliciosa cebolinha branca em conserva.

Vale comentar que o excesso de criatividade muitas vezes acaba incidindo na alegoria, o que contribui negativamente no preparo e na apresentação de um drinque. Vários profissionais fazem de seus coquetéis verdadeiros arranjos ornamentais, dando à bebida um efeito falso e frequentemente decepcionando o cliente na hora da degustação.

A propósito de receitas, cabe um lembrete do conhecido autor especialista em vinhos, Sergio de Paula Santos. Segundo ele, permitir que uma receita clássica se perca equivale a consentir no desaparecimento de um livro raro, de uma obra de arte ou de uma espécie, como um animal ou um vegetal.

Uma receita abandonada dificilmente se recupera.

Sabores adicionados

O que realmente distingue o bom coquetel do coquetel comum é, entre outros fatores, o uso correto de ingredientes extras que são acrescentados àquele em pequenas quantidades. É essencial a criatividade do barman, bem como o seu conhecimento a respeito das proporções das bebidas que compõem o coquetel.

Relacionamos a seguir os sabores adicionados mais comumente utilizados.

1. Orange bitter
2. Molho inglês
3. Tabasco
4. Vinagre balsâmico
5. Sal grosso
6. Bitteira
7. Açúcar em cubos
8. Grenadine
9. Angostura
10. Calda de açúcar
11. Elixir vegetal

Amargos, caldas e molhos

Entre os sabores adicionados, os mais comuns são os amargos. A Angostura, originária do Caribe, feita de cravo-da-índia, noz-moscada, quinino, ameixa, cascas de árvore e galhos de ervas, possui sabor característico e dá uma coloração vinho à bebida, quando poucas gotas são utilizadas. O Grenadine, com seus sabores personalizados, e o Orange Bitter tornam o coquetel mais completo. O Grenadine é usado também por sua cor, pois deixa uma faixa brilhante cor de vinho em coquetéis com o Mai-Tai e o Tequila Sunrise.

Para bebidas que necessitam ser adoçadas, no Brasil usa-se normalmente o açúcar. Em alguns bares do exterior, a bebida é adoçada com uma calda feita de um quilo de açúcar dissolvido em meio litro de água. A mistura deve ser fervida até o ponto de calda rala, e utilizada somente depois de fria.

Há outros ingredientes que, por seus sabores marcantes, são essenciais, como o tabasco e o molho inglês, ambos indispensáveis, por exemplo, para conferir o máximo de impacto a um Bloody Mary. Os vinagres, tanto o balsâmico quanto o de cidra, dão um sabor forte à bebida e são menos ácidos que o suco de limão.

Ervas, cascas e especiarias

Entre as ervas, a semente de aipo ralada, as folhas de menta fresca ou as cascas de limão são as mais utilizadas para aromatizar os coquetéis. Causam grande efeito por seus sabores característicos, servindo também para acrescentar cor ou simplesmente como decoração. No mundo das especiarias, a noz-moscada ralada na hora, o cravo-da-índia, o cardamomo, pedaços de canela, e mesmo uma pitada de pimenta-de-caiena ou de pimenta-do-reino, realçam o sabor do ponche e do Egg Nog; o gengibre fresco empresta seu sabor aos mais simples sucos. As especiarias devem ser utilizadas com muito cuidado, pois o exagero pode estragar a bebida, de modo que é muito importante provar o drinque durante o seu preparo e corrigir a quantidade de condimentos, se necessário.

Sucos

São fartamente usados na coquetelaria. Para melhores resultados, deve-se utilizar frutas frescas, principalmente no caso do suco de laranja, de limão ou de lima-da-pérsia. São raríssimas as exceções, como o suco de tomate, atualmente já disponível em variações mais ou menos concentradas e até mesmo temperado. Podem ser utilizados sucos embalados em vidros e latas, como os de manga, de maracujá, de caju e de abacaxi. O suco de ameixa é produzido a partir do extrato de ameixas secas. Também se podem usar frutas em compota, a polpa ou uma grande variedade de sucos industrializados.

Crusta

Uma pequena crusta na borda dos copos enriquece a decoração de alguns coquetéis, além de realçar o seu paladar. Para fazê-la, pode-se utilizar sal comum ou aromatizado, açúcar branco ou colorido, coco ralado ou chocolate em pó. O procedimento é simples: molhar a borda do copo em água ou suco de limão e mergulhá-la suavemente em um recipiente contendo o ingrediente a ser utilizado. Levar o copo ao freezer e depois enchê-lo com gelo moído e em cubos. No momento da finalização do drinque, completar com a bebida a ser degustada. Imediatamente a crusta se formará nas paredes do copo.

CRUSTA

Gelo

O segredo de um drinque bem-preparado é, na maioria das vezes, ignorado: gelo! Gelo puro, fresco e realmente gelado, feito com água sem cloro é o ingrediente mais barato e mais importante de qualquer drinque, embora frequentemente negligenciado, até pelos bartenders mais experientes. Afinal, gelo é gelo!

É verdade que todo gelo é água congelada, mas existem outros fatores que devem ser considerados, até quanto à temperatura do gelo. O primeiro é a generosidade. Todo drinque pede uma quantidade certa de gelo para evitar o excesso de diluição. Aqui reside, provavelmente, um dos pontos de maior importância na prática da coquetelaria: gelo, muito gelo.

O gelo claro, puro e, acima de tudo, abundante, é o primeiro componente a ser colocado no copo. Aliás, considera-se mau profissional o barman que, além de economizar na quantidade, acrescenta o gelo por último. Erro grave: gelo, sempre com muita generosidade, no início da preparação, e, para finalizar, no acabamento do drinque – nunca boiando no copo.

O segundo fator mais importante é a qualidade; gelo feito de água da torneira pode contaminar o drinque com gosto de cloro ou outros produtos químicos contidos na água.

Existem vários tipos de gelo, utilizados conforme o copo e a bebida a ser preparada. Alguns coquetéis requerem gelo picado, quebrado, e mesmo moído em neve, o crushed ice. Não dispondo de máquina adequada para obter a forma desejada, o ideal é embrulhar as pedras em um saco ou pano de prato, destinado exclusivamente para esse fim, e quebrá-las com um martelo ou macete até o ponto desejado.

O segredo da qualidade de qualquer drinque misturado é utilizar, sempre, gelo de primeiríssima qualidade, feito preferencialmente

GELO EM CUBOS

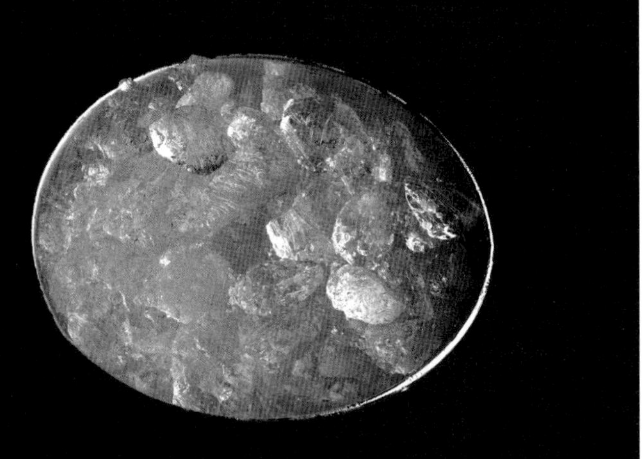

GELO QUEBRADO

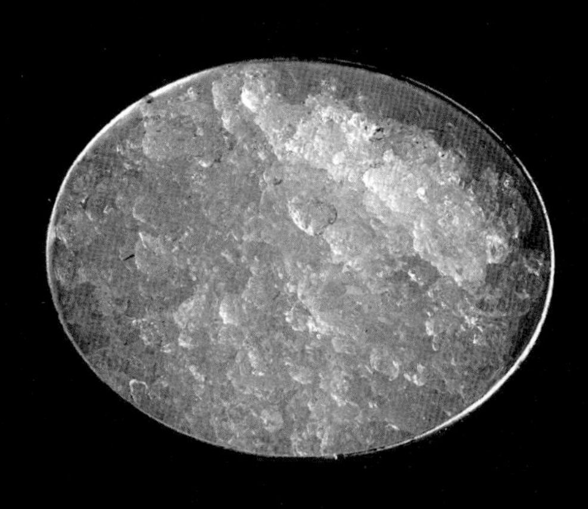

GELO MOÍDO OU EM NEVE

com água mineral. Quando não for possível, prepará-lo com água filtrada, cuidando para que em hipótese alguma contenha impurezas ou cloro em sua composição. Outra possibilidade é utilizar o gelo acondicionado em sacos plásticos, facilmente encontrado no mercado. Vale ressaltar que o gelo guardado no freezer nunca deve ficar em contato com alimentos, pois certamente absorverá aromas, transferindo-os para o drinque.

O grau de temperatura necessário nas diferentes maneiras de gelar a bebida também varia:

Isopores	até - 2 °C
Baldes para gelo	até + 5 °C
Freezer	até - 18 °C
Refrigerador	até + 5 °C

Além do gelo, há os copos gelados e vários ingredientes na confecção de um drinque. "Um drinque morno faz um cliente indiferente".

Dependendo do coquetel, a temperatura do copo é de fundamental importância, e as técnicas para gelá-lo variam conforme o seu volume. Os copos de drinques curtos, por exemplo, devem ser colocados com a borda virada para baixo sobre um recipiente grande, repleto de gelo moído. Não é recomendado colocar esses copos no congelador, pois ficarão opacos e, quando oferecidos ao cliente, o gelo da base e da haste se condensará, tornando incômodo o manuseio.

Outra maneira é preencher o copo com gelo quebrado, completando-o com um pouco de água gelada e descartando todo o conteúdo antes de preparar o drinque. No caso da utilização do copo de mistura, recomenda-se encher a metade do seu volume com gelo em cubos, mantendo à parte, e também no gelo, os demais ingredientes que serão utilizados, como azeitonas, cebolinhas, cerejas, casca de limão, entre outros. Antes de verter a bebida no copo, é importante escorrer completamente a água que se formou, para não alterar o sabor do drinque. O tempo máximo de preparo não deve ultrapassar um minuto, para que a bebida não fique aguada.

Drinques, como daiquiris, martinis, collins e gimlets, podem ser feitos com a bebida já resfriada a 0 °C, pois praticamente não há diluição nesses coquetéis, o que, às vezes, não agrada. Em algumas ocasiões, um pouco de diluição é conveniente.

Os gelos não são iguais em gosto e aparência, e o barman tem de levar isso em consideração. Uma solução é adicionar açúcar ou conservantes, ou suco de uva vermelha, leve e saboroso, produtos que são encontrados prontos e embalados, e que constituem ingredientes muito utilizados no preparo de coquetéis não alcoólicos.

Além dos sucos, vale mencionar outro componente largamente utilizado: a soda, que resulta da mistura de água com gás e bicarbonato de sódio, é ideal para coquetéis refrescantes, aqueles tomados para saciar a sede. A soda pode perfeitamente ser substituída por água mineral gasosa. A água tônica, um produto muito antigo, é geralmente misturada ao Gim ou à Vodca.

Doses e medidas

Grande parte da literatura disponível sobre coquetelaria é proveniente da Europa e dos Estados Unidos. Consequentemente, as unidades adotadas pelos europeus e americanos, frutos de seus costumes, são diferentes das utilizadas no Brasil. Por exemplo, a onça fluida (oz) equivale ao nosso mililitro (mℓ). No entanto, existe disparidade entre a onça fluida americana (US oz), e a onça fluida inglesa (Brit oz). O mesmo ocorre com o gill americano e o gill inglês, que não correspondem à nossa dose. No Brasil, essas diferenças geram confusões na prática diária da coquetelaria.

1. Dosador (1 dose)
2. Medidor
3. Dosador (2 doses)
4. Dosador (1 dose)
5. Dosador (2 doses)
6. Dosador (1 dose)

Visando atenuar essa dificuldade, apresentamos as unidades de medidas americanas e suas correspondentes inglesas, e incluímos, para melhor compreensão do leitor, a Tabela de Conversão para o Sistema Métrico Decimal, introduzida em 1980 nos países que, eventualmente, ainda não a tivessem adotado.

Assim, no preparo de um drinque leva-se sempre em consideração o volume do copo a ser utilizado, de acordo com a finalidade. Por exemplo, há duas maneiras de apresentar a receita do famoso Negroni, servido no copo old fashioned. Pela ordem:

- gelo em cubos
- 1/2 rodela de laranja
- 1 parte de Campari
- 1 parte de Gim
- 1 parte de Vermute tinto

Portanto: 3 partes de bebida, que é igual a 1 dose, que corresponde a 50 mℓ.

É o mesmo que:

- gelo em cubos
- 1/2 rodela de laranja
- 1/3 de Campari
- 1/3 de Gim
- 1/3 de Vermute tinto

Portanto: 3/3 de bebida, que é igual a 1 dose, que é equivalente a 50 mℓ.

Trata-se de uma simples regra de proporção que leva em consideração o volume total do copo, que, por sua vez, não deve ser preenchido até a borda. Como expressão de requinte, recomenda-se deixar o espaço de aproximadamente um dedo entre o líquido e a borda. Há exceções, como a cerveja, que precisa ter colarinho abundante. Nesse caso, o copo deve ser completado até a borda.

Em algumas receitas, essa regra é desconsiderada. Quando o drinque tem entre seus ingredientes apenas uma bebida alcoólica misturada a outros componentes, utiliza-se uma dose, como no caso do gim-tônica. Em um copo highball contendo cubos de gelo, colocar, pela ordem:

- gelo em cubos (abundante);
- 1 rodela de limão;
- 1 dose de Gim (50 mℓ);
- completar com água tônica sem gelo para tornar o fizz mais forte e sonoro;
- acrescentar mais gelo, se necessário, para que as pedras não boiem.

Retomando o exemplo do Negroni, se utilizássemos 1 dose de Vermute mais 1 dose de Gim, mais 1 dose de Campari, teríamos um volume de 150 mℓ, somente de componentes alcoólicos, o que resultaria em um drinque com volume de líquido e ingredientes superiores ao volume do copo.

≈ 1 dose brasileira é igual a 50 mℓ

≈ 1 jigger é igual a 44,25 mℓ

≈ 2 onças é igual a 59 mℓ

É desnecessário descrever o grau de dificuldade de se realizar a conversão dessas medidas para o nosso sistema, depois de transformá-las em dose, para então se obter o volume exato dos coquetéis. No Brasil, sem desrespeitar as regras usuais da coquetelaria clássica mundial, os profissionais do setor desenvolveram um sistema bastante prático e eficiente, que consiste em utilizar as proporções, mais comumente chamadas partes, conforme receita inicial do Negroni.

TABELA DE CONVERSÃO PARA O SISTEMA MÉTRICO DECIMAL		
Medidas americanas	Medidas inglesas	Medidas em mℓ
1 dash	1/6 teaspoon	0,81
1 teaspoon	1/6 oz	4,91
1 tablespoon	3 tablespoon	14,75
1 pony	1 oz	29,5
1 jigger	1 1/2 oz	44,25
1 wine glass	4 oz	118
1 cup	8 oz	236
1/2 gallon	64 oz	1,75
miniature	16 oz	50

Copos de bar

Classificação genérica

Um bar completo, que pretende manter sua reputação intocada, deve assumir compromisso com alguns valores simples, mas que se impõem de forma definitiva no sutil e delicado trato com os copos: originalidade, bom gosto, tradição e estilo. Porém, a abrangência desses valores é tão ampla que optamos por agrupar genericamente, por afinidade e *design*, os diversos tipos de copos comumente utilizados em bares, classificando-os em duas famílias: os copos sem pé, chamados tumblers ou unfooted, e os copos com pé, chamados stemmed ou footed.

Copos tumblers ou unfooted (sem pé)

Os copos sem pé, os tumblers, são adequados para a degustação de drinques longos, que incluem sucos, frutas e outros elementos na decoração, e muito gelo, podendo seu volume chegar a 500 mℓ. Como esses drinques geram vapores, um copo com a base facetada oferece maior segurança para o toque, além de evitar que ele escorre-

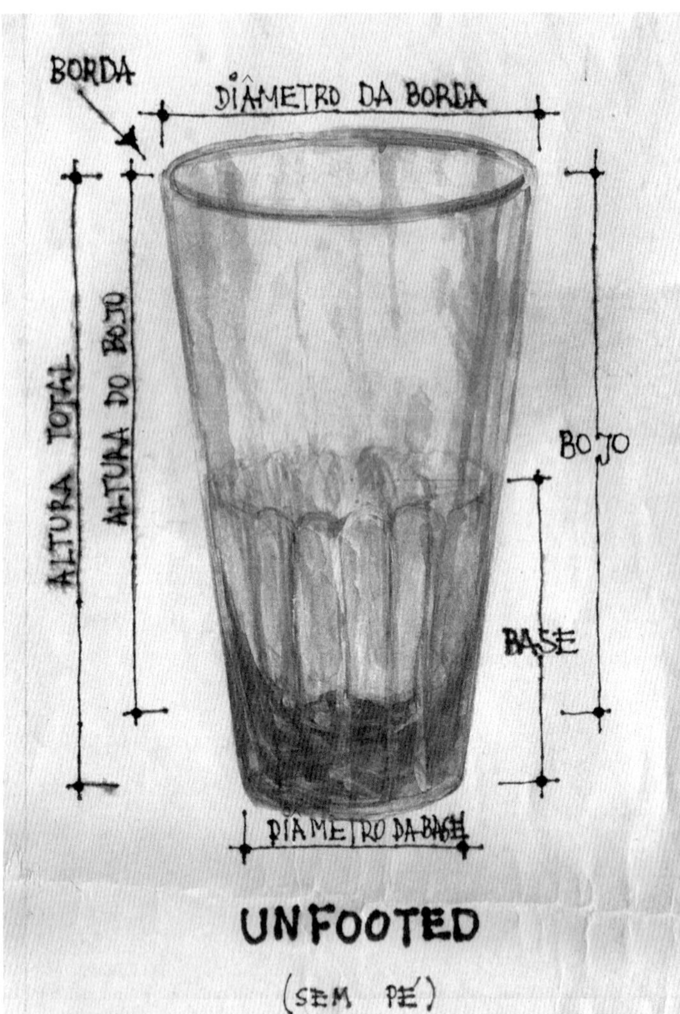
BORDA
DIÂMETRO DA BORDA
ALTURA TOTAL
ALTURA DO BOJO
BOJO
BASE
DIÂMETRO DA BASE
UNFOOTED
(SEM PÉ)
OBSERVAÇÕES:
• MATERIAL: COPOS EM CRISTAL, COM APROXIMADAMENTE 9% DE CHUMBO.
• ESPESSURA DO CRISTAL: EM TORNO DE 9 mm.
• ACABAMENTO DO COPO: LISO, FACETADO OU BISOTADO
• ACABAMENTO DA BORDA: POLIDA OU REDONDA (Π ou ∩)
• DIÂMETRO DO BOJO: MEDIDA EFETUADA NA PARTE MAIS SALIENTE DO COPO
• VOLUME TOTAL: CAPACIDADE MÁXIMA DE LÍQUIDO NO INTERIOR DO COPO (EM ml)

gue das mãos. É recomendado apoiá-lo sobre um descanso ou guardanapo, para que a umidade seja absorvida.

São copos de corpo único, que possuem um só volume, com exceção daqueles utilizados para drinques quentes, dotados de alças de apoio ou suportes que se encaixam. A quase totalidade dos copos sem pé possui a medida da base igual à da borda.

COPOS TUMBLERS OU UNFOOTED*	
Copo	Nº de modelos
Aquavita ou Vodca	4
Collins ou tall	1
Cup	1
Delmônico ou sour	1
Highball large	1
Highball small	1
Jigger ou shot	3
Old fashioned	3
On the rocks	1
Pitcher	1
Side water	3
Silver mug	1
Toddy ou mug	2
Tumbler	2

* 14 tipos de copos com 25 modelos diferentes.

Aquavita ou Vodca

Essas bebidas podem ser degustadas de várias formas: em temperatura natural, geladas, on the rocks ou a temperaturas muitos baixas, quando adquirem viscosidade bastante acentuada. Por causa de seu alto teor alcoólico, não se congelam e, em decorrência disso, são degustadas em copos de diferentes formatos, adequados ao paladar e à maneira preferencial de cada um saborear a bebida pura. Apresentamos as variações mais usuais, ressaltando que esses mesmos copos prestam-se também para beber schnaps.

FICHA TÉCNICA: AQUAVITA OU VODCA				
Modelo	1	2	3	4
Altura da haste	7 cm	-	5,5 cm	-
Altura do bojo	5,5 cm	7,5 cm	9 cm	9,5 cm
Altura total	14 cm	7,8 cm	14,5 cm	9,5 cm
Diâmetro do bojo	4 cm	3 cm	3,5 cm	3,5 cm
Diâmetro da borda	5 cm	4,3 cm	5,5 cm	3,5 cm
Diâmetro da base	5 cm	4 cm	5,5 cm	3,5 cm
Espessura do cristal	1 mm	1 mm	1 mm	2 mm
Volume total	50 mℓ	45 mℓ	40 mℓ	60 mℓ
Acabamento copo	liso	facetado	facetado	liso
Acabamento da borda	facetado	facetado	facetado	polido
Material: cristal transparente e incolor, prensado, com adição de chumbo (modelos 1 a 4); feito à mão (modelos 2 e 3).				

AQUAVITA OU VODCA
MODELO 1

AQUAVITA OU VODCA
MODELO 2

AQUAVITA OU VODCA
MODELO 3

AQUAVITA OU VODCA
MODELO 4

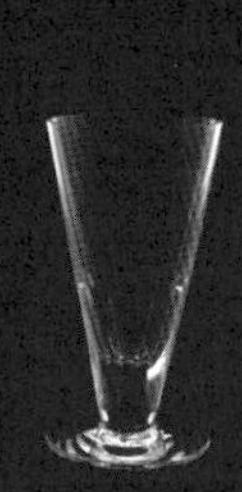
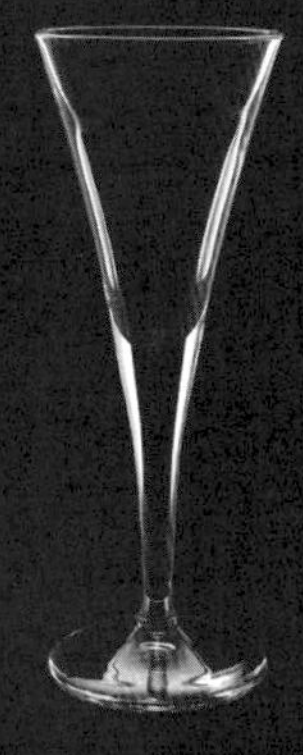

AQUAVITA OU VODCA
4 MODELOS

Collins ou tall

O collins ou tall, o mais longo dos copos de bar, permite uma degustação prolongada do drinque. Sendo da mesma família dos tumblers, esse copo tem o mesmo *design* e o mesmo *shape*, porém é mais alto e fino no bojo. Normalmente é utilizado em drinques exóticos ou coolers, que são os sours ou fizzes adicionados de soda, decorados com limão, cereja ou outras frutas. Os collins são drinques longos, iniciados no copo de mistura e acabados no copo de serviço, e não batidos.

FICHA TÉCNICA: COLLINS OU TALL	
Modelo	único
Altura do bojo	16 cm
Altura total	16 cm
Diâmetro do bojo (+ largo)	7 cm
Diâmetro da borda	7 cm
Diâmetro da base	6 cm
Espessura do cristal	1 mm
Volume total	450 mℓ
Acabamento do copo	facetado
Acabamento da borda	facetado
Material: cristal transparente e incolor, com adição de chumbo. Feito à mão.	

Cup

De desenho semelhante a uma xícara ou chávena, o cup é utilizado para tomar ponche ou bowls. Embora pouco apreciado no Brasil, esse drinque ainda faz muito sucesso em alguns países, especialmente em festas.

FICHA TÉCNICA: CUP	
Modelo	único
Altura do bojo	7,5 cm
Altura total	7,5 cm
Diâmetro do bojo (+ largo)	7,5 cm
Diâmetro da borda	8 cm
Diâmetro da base	4,5 cm
Espessura do cristal	1 mm
Volume total	220 mℓ
Acabamento do copo	facetado
Acabamento da borda	facetado
Material: cristal transparente e incolor, com adição de chumbo. Feito à mão.	

Delmônico ou sour

Esse copo leva o nome de um conhecidíssimo bar americano localizado na Park Avenue, em Nova York, e é utilizado para servir os chamados drinques sour.

É adequado para bebidas à base de whisky, Rum ou Gim, como o bastante apreciado Whisky Sour e Bacardy Sour, drinques batidos na coqueteleira, com volume e viscosidade adequados ao tamanho do copo.

Também é usado para pequenos coquetéis combinados com sucos de fruta.

FICHA TÉCNICA: DELMÔNICO OU SOUR	
Modelo	único
Altura do bojo	12 cm
Altura total	12 cm
Diâmetro do bojo (+ largo)	5,3 cm
Diâmetro da borda	5,3 cm
Diâmetro da base (base)	4,5 cm
Espessura do cristal	1 mm
Volume total	160 mℓ
Acabamento do copo	facetado
Acabamento da borda	polido/facetado
Material: cristal transparente e incolor com adição de chumbo.	

Highball large

Os highballs são copos altos e estreitos, utilizados para drinques longos refrescantes, servidos com muito gelo, suco de frutas, água, soda ou tônica.

A origem do nome pode ser atribuída a um costume bastante comum nos Estados Unidos, no século XIX. Em Saint Louis, por volta de 1880, os ferroviários utilizavam uma bola no alto de um poste como sinalização para uma rápida parada para reabastecer a caldeira do trem com água para geração do vapor. Durante esse curto intervalo, para abrandar o calor, eles se refrescavam tomando água fresca misturada com um pouco de Bourbon, em copos grandes e altos. Daí a ideia corrente de o highball ser longo e alto, com conteúdo reconstituinte e refrescante. O cinema ilustra bem o sucesso desse copo: em *Casablanca*, clássico estrelado por Humphrey Bogart e Ingrid Bergman, os frequentadores do Ricky's Bar tomam Gim-tônica e whisky com soda em um copo highball, repetidas vezes, por causa do calor.

FICHA TÉCNICA: HIGHBALL LARGE	
Modelo	único
Altura do bojo	13 cm
Altura total	13 cm
Diâmetro do bojo (+ largo)	7 cm
Diâmetro da borda	7 cm
Diâmetro da base	6,2 cm
Espessura do cristal	1 mm
Volume total	360 mℓ
Acabamento do copo	facetado
Acabamento da borda	facetado
Material: cristal transparente e incolor, com adição de chumbo.	

HIGHBALL LARGE

Na verdade, há pouca diferença entre os copos highball, small large e o collins. No caso dos primeiros, a diferença está apenas no volume da bebida. O collins acomoda muito bem os drinques longos, também conhecidos como coolers, de formato longo, adequados para drinques típicos de regiões tropicais, e preparados à base de Rum e outras bebidas próprias para o verão, como Cuba Libre e Atração Fatal. No meio profissional brasileiro, é conhecido como copo longo.

Highball small

São os copos ideais para saborear os mais variados tipos de drinques longos, preparados com sucos, frutas e muito gelo, para que a bebida vá se tornando mais suave ao longo da degustação. O highball small é um intermediário entre os copos large e o collins, porém acolhe coquetéis de base alcoólica forte, que não utilizam ingredientes secundários modificadores, como soda, água tônica ou água, por exemplo. Alguns bares usam o highball small para servir caipirinhas especiais ou batidas longas, como o apreciadíssimo Tequila Sunrise. Também é conhecido como copo longo.

FICHA TÉCNICA: HIGHBALL SMALL	
Modelo	único
Altura do bojo	10,5 cm
Altura total	10,5 cm
Diâmetro do bojo (+ largo)	6,5 cm
Diâmetro da borda	6,5 cm
Diâmetro da base	6,5 cm
Espessura do cristal	1 mm
Volume total	300 mℓ
Acabamento do copo	facetado
Acabamento da borda	facetado
Material: cristal transparente e incolor com adição de chumbo. Feito à mão.	

Jigger ou shot

Em vários países, esse é o copo utilizado para tomar um shot, ou "tiro", de bebida pura, neat Scotch whisky ou Bourbon, ou outro espírito. Na Inglaterra e nos Estados Unidos, esse copo serve também como unidade de medida, equivalente a 1 dose. Existem alguns modelos, conhecidos como *lined*, que levam jato de areia na parte média do bojo para indicar uma segunda medida.

O shot ficou muito conhecido, também, por sua presença constante nos filmes de faroeste americanos. No Brasil, é bastante utilizado para se beber um trago de cachaça pura, tanto que é popularmente conhecido como martelinho ou cowboy.

Não é feito de cristal; ao contrário, sua qualidade reside em ser feito de vidro resistente.

FICHA TÉCNICA: JIGGER OU SHOT			
Modelo	1	2	3
Altura do bojo	5,4 cm	7 cm	7,5 cm
Altura total	5,4 cm	7 cm	7,5 cm
Diâmetro do bojo	5 cm	4 cm	5,5 cm
Diâmetro da borda	5 cm	5 cm	5,5 cm
Diâmetro da base	3,3 cm	3,5 cm	4,2 cm
Espessura do vidro	2 mm	1 mm	2,2 mm
Volume total	35 mℓ	55 mℓ	70 mℓ
Acabamento do copo	facetado	liso	facetado
Acabamento da borda	redonda	redonda	redonda
Material: vidro transparente, incolor, prensado industrialmente.			

JIGGER OU SHOT
MODELO 1

JIGGER OU SHOT
MODELO 2

JIGGER OU SHOT
MODELO 3

Old fashioned

Vários fatos ilustram a história desse copo; o mais famoso aconteceu na época da vigência da Lei Seca, nos Estados Unidos. No Pendennis Club, um bar exclusivo de Louisville, no Kentucky, foi criado o coquetel Old Fashioned, servido nesse copo, decorado com frutas coloridas para dissimular o conteúdo alcoólico da base da bebida e escapar, assim, dos flagrantes da polícia, que tentava fazer cumprir a lei. Até hoje continua sendo um drinque de sucesso em todo o mundo, mas foi modificado, ou seja, contém mais álcool, razão pela qual o seu volume, ante a composição variada de ingredientes, exige um recipiente de volumetria maior que a do copo on the rocks (ver p. 98). O mesmo ocorre com outros coquetéis servidos com gelo – como Negroni, caipirinhas e batidas, entre outros –, cujos elementos decorativos, associados ao gelo, tornam o drinque longo mais suave. Nos dias atuais, sobretudo nos Estados Unidos, esse copo é utilizado com grande frequência e com tamanhos variados.

O Old Fashioned é um dos mais clássicos coquetéis americanos e está diretamente associado ao nome do copo. Para se ter uma ideia da importância desse copo, basta saber que o cocktail glass e o copo old fashioned são utilizados em mais de 70% dos 1.200 coquetéis listados na edição do *International Bartender's Guide*.

FICHA TÉCNICA: OLD FASHIONED			
Modelo	1	2	3
Altura do bojo	9 cm	8 cm	9,5 cm
Altura total	9 cm	8 cm	9,5 cm
Diâmetro do bojo	6,5 cm	8 cm	8 cm
Diâmetro da borda	7,5 cm	8,5 cm	8,5 cm
Diâmetro da base	5 cm	6,5 cm	7 cm
Espessura do cristal	1 mm	2 mm	1 mm
Volume total	200 mℓ	230 mℓ	300 mℓ
Acabamento do copo	liso	facetado	facetado
Acabamento da borda	facetado	polido	polido
Material: cristal transparente e incolor, com adição de chumbo; feito à mão (modelos 1 e 3); vidro transparente e incolor prensado industrialmente (modelo 2).			

OLD FASHIONED
MODELO 1

OLD FASHIONED
MODELO 2

OLD FASHIONED
MODELO 3

On the rocks

É o copo mais utilizado para saborear uma bebida pura com pouco gelo, como Scotch, Gim, Vodca ou Bourbon. É bastante frequente que os copos on the rocks e old fashioned se confundam, mas têm usos distintos. O desenho e a proporção são os mesmos, porém a capacidade do copo on the rocks (120 mℓ) equivale, praticamente, à metade da capacidade do old fashioned (250 mℓ), criado especialmente para a degustação do coquetel de mesmo nome. Ocorre que nos Estados Unidos, onde copo e coquetel foram inventados, quando se pede um Double Scotch on the Rocks, usualmente o drinque é servido no copo old fashioned. Assim, pedir um Scotch on the Rocks no copo old fashioned é o mesmo que tomar um whisky duplo com gelo. É só medir. Esse copo é conhecido, no meio profissional brasileiro, como copo baixo ou copo curto.

FICHA TÉCNICA: ON THE ROCKS	
Modelo	único
Altura do bojo	8 cm
Altura total	8 cm
Diâmetro do bojo	6,5 cm
Diâmetro da borda	7 cm
Diâmetro da base	5 cm
Espessura do vidro	3 mm
Volume total	120 mℓ
Acabamento do copo	facetado
Acabamento da borda	redonda
Material: vidro transparente e incolor prensado industrialmente.	

Pitcher

Nos Estados Unidos, é bastante comum o uso desse copo como mixing glass ou copo de mistura. Há costume de se preparar no pitcher o drinque sem cubos de gelo, em volumes maiores, e deixá-lo na geladeira ou no freezer até o momento de servir, conforme o caso, quando serão finalizados copo a copo. É muito utilizado, também, para a preparação de sucos que não necessitam ser batidos.

FICHA TÉCNICA: PITCHER	
Modelo	único
Altura do bojo	22 cm
Altura total	22 cm
Diâmetro do bojo (+ largo)	12,5 cm
Diâmetro da borda	13,5 cm
Diâmetro da base	9,5 cm
Espessura do cristal	0,5 mm
Volume total	1.300 mℓ
Acabamento do copo	polido
Acabamento da borda	polido
Material: cristal transparente e incolor, com adição de chumbo; feito à mão.	

PITCHER
(foto reduzida em 30%)

Side water

Tomar um copo de água mineral natural ou gasosa serve de partida para a ingestão de bebidas alcoólicas mais fortes, e como intervalo entre um gole e outro.

Serve também para retardar sua emanação, tornando nosso corpo mais leve.

Os degustadores de vinho também são partidários desse método, quando põe à prova seus conhecimentos enológicos. O vinho e outras bebidas alcoólicas são os remédios mais benéficos e o mais delicioso repasto, em nada nocivos à saúde, se tomados com moderação.

O *design*, a qualidade da gravação e a idade desses copos, criados por três cristalerias centenárias europeias muito famosas, ilustram e nos fazem lembrar um pouco da história do homem, não só pela estética dos objetos do cotidiano e pelo uso a que são destinados, mas também pela adequação à anatomia humana que eles revelam.

FICHA TÉCNICA: SIDE WATER			
Modelo	1	2	3
Altura da haste	2 cm	-	-
Altura do bojo	10 cm	8,5 cm	11 cm
Altura total	13 cm	13 cm	11 cm
Diâmetro do bojo (+ larga)	7,5 cm	7,5 cm	5,5 cm
Diâmetro da borda	7,5 cm	7,5 cm	6,1 cm
Diâmetro da base	6,8 cm	7,5 cm	4,5 cm
Espessura do cristal	0,5 mm	2 mm	0,3 mm
Volume total	230 mℓ	230 mℓ	230 mℓ
Acabamento do copo	liso	gravado	gravado
Acabamento da borda	facetado	facetado	facetado
Material: cristal transparente e incolor, com adição de chumbo (modelos 1 a 3); gravado à mão (modelos 2 e 3).			

SIDE WATER
MODELO 1

SIDE WATER
MODELO 2

SIDE WATER
MODELO 3

Silver mug

Este copo ou caneca é de estanho, que é ótimo condutor térmico; portanto, transporta rapidamente seu conteúdo gelado para as paredes do bojo. Assim, ao contrário do que se pensa, servir bebidas em copos de estanho não as mantêm geladas por mais tempo.

O que ocorre é que os sinais de condensação na parte externa dessas canecas transmitem uma sensação de frescor, dando um aspecto agradável e intenso à formação de uma belíssima crusta (ver "Crusta" no capítulo "Coquetelaria"). Por essa razão são utilizados nos Mint Julep.

Atualmente estão em desuso. No Brasil, os copos fabricados com esse material passam por um tratamento químico em sua parte interna, para proteger o consumidor dos males do chumbo, da prata ou do cobre.

FICHA TÉCNICA: SILVER MUG	
Modelo	único
Altura do bojo	12 cm
Altura total	12 cm
Diâmetro do bojo (+ largo)	6 cm
Diâmetro da borda	8,5 cm
Diâmetro da base	6,5 cm
Espessura do cristal	2 mm
Volume total	300 mℓ
Acabamento do copo	metal
Acabamento da borda	polido
Material: estanho fundido com acabamento interno.	

Toddy ou mug

Esse é o copo adequado para bebidas quentes, como os toddies, grogues ou irish coffees, uma vez que o suporte de metal isola o calor e mantém a temperatura do conteúdo. A alça permite ainda o manuseio mais seguro do copo. Existem outros modelos de uma só peça, também com alça. Conhecido no Brasil como caneca, recebe nos países de língua germânica o nome *steiner*.

FICHA TÉCNICA: TODDY OU MUG		
Modelo	1	2
Altura do bojo	9 cm	7 cm
Altura total	9 cm	9,5 cm
Diâmetro do bojo (+ largo)	7,5 cm	6,5 cm
Diâmetro da borda	8,05 cm	7,5 cm
Diâmetro da base	5,5 cm	6,3 cm
Espessura do vidro	2 mm	2 mm
Volume total	180 mℓ	200 mℓ
Acabamento do copo	polido (metal e vidro)	
Acabamento da borda	polido	polido
Material: vidro transparente e incolor, prensado industrialmente (modelo 1).		

TODDY OU MUG
MODELO 1

TODDY OU MUG
MODELO 2

TODDY OU MUG
2 MODELOS

Tumbler

O tumbler clássico é considerado o carro-chefe da família dos copos sem pé, podendo apresentar diversos tamanhos. Seu desenho é semelhante ao do highball, porém a abertura da borda é um pouco maior, o que permite a preparação de um drinque robusto e volumoso, com maior quantidade de gelo e decoração mais atraente, como um Bull Shot ou um Bloody Mary.

FICHA TÉCNICA: TUMBLER		
Modelo	1	2
Altura do bojo	13 cm	11 cm
Altura total	13 cm	11 cm
Diâmetro do bojo (+ largo)	8,5 cm	8 cm
Diâmetro da borda	8,5 cm	8 cm
Diâmetro da base	5 cm	5,5 cm
Espessura do cristal	1 mm	1 mm
Volume total	350 mℓ	300 mℓ
Acabamento do copo	facetado	facetado
Acabamento da borda	facetado	facetado
Material: cristal transparente e incolor com adição de chumbo; feito à mão (modelos 1 e 2).		

TUMBLER
MODELO 1

TUMBLER
MODELO 2

Copos stemmed ou footed (com pé)

Genericamente, os copos com pé dividem-se em três partes – base, haste e bojo –, e podem ter capacidade aproximada de 350 mℓ. A principal função do pé, que é o conjunto da base e da haste, é manter determinada distância entre a base e o bojo do copo, de modo que a temperatura do drinque sofra a menor influência possível de fatores que possam alterar suas condições naturais ou de preparo inicial. Portanto, quanto mais alta a haste, maior a capacidade de manutenção da temperatura da bebida. A haste serve também como ponto central de toque, ou seja, é onde se deve segurar o copo para a ingestão da bebida, exceção feita àquelas que podem ser aquecidas no bojo, pelo calor das mãos, como é o caso do Conhaque, como preferem alguns.

A haste assegura o equilíbrio entre o bojo e a base, que quase sempre acompanha o mesmo desenho e o diâmetro aproximado da borda, dando estabilidade ao copo.

O bojo, que inclui a borda, é o espaço onde se concentra o volume da bebida. É a borda, no entanto, que confere ao copo características importantes, que podem alterar o sabor do drinque.

A forma do bojo e da borda retêm a essência do drinque. Assim, copos com borda de abertura muito aberta deixam a bebida exposta ao ambiente, o que pode ocasionar alterações significativas. Os Champanhes e outros espumantes, por exemplo, quando servidos na coupe, se desgaseificam muito rapidamente.

Já os copos com borda mais fechada, os snifters, são mais adequados para a degustação de conhaques, possibilitando a manutenção dos aromas.

Os vinhos, por suas características intrínsecas, têm um comportamento diferenciado das bebidas destiladas e misturadas; por isso, serão tratados em capítulo à parte. De modo geral, porém, pode-se

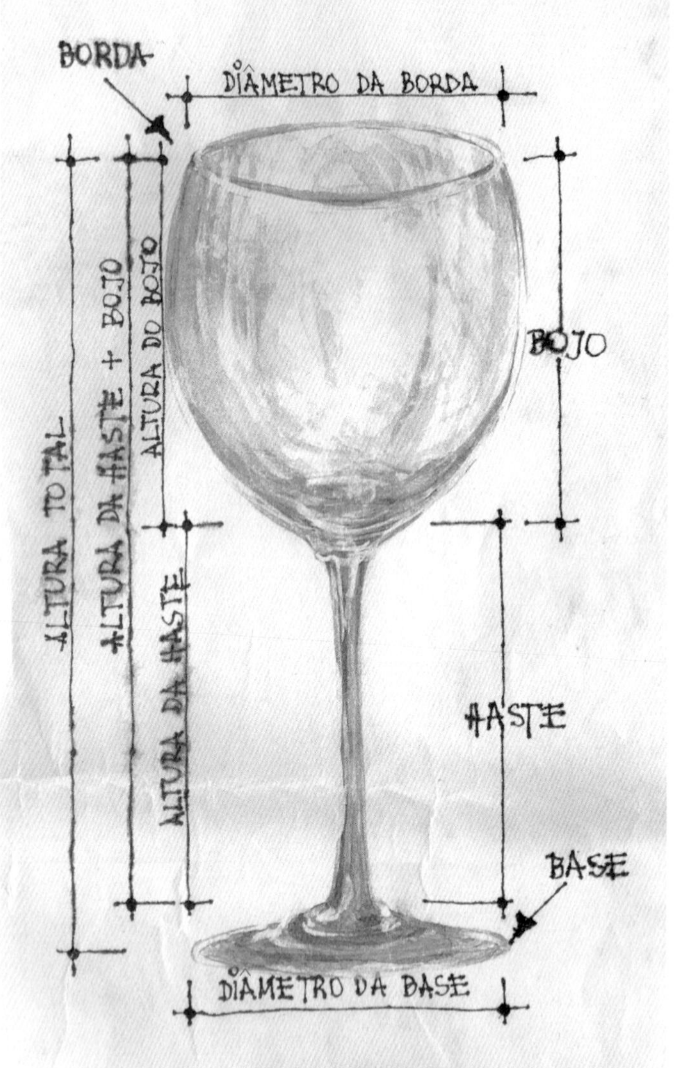

FOOTED

(COM PÉ)

OBSERVAÇÕES:

- MATERIAL: copos em cristal, com aproximadamente 9% de chumbo.
- ESPESSURA DO CRISTAL: em torno de 9 mm.
- ACABAMENTO DO COPO: liso, facetado ou bisotado
- ACABAMENTO DA BORDA: polida ou redonda (⊓ ou ∩)
- DIÂMETRO DO BOJO: medida efetuada na parte mais saliente do copo
- VOLUME TOTAL: capacidade máxima de líquido no interior do copo (em ml)

dizer que eles se mantêm mais reservados em copos com borda de abertura média e bojo amplo, que favorecem a sua apreciação.

Em essência, os coquetéis servidos em copos com pé produzem vapores somente no bojo, não necessitando, portanto, de guardanapo ou de qualquer outro apoio na base, uma vez que esta permanece seca. Podem, por isso, ser colocados diretamente sobre a mesa ou no balcão do bar.

É oportuno comentar que os materiais utilizados para a confecção de tampos de mesa ou de balcões de bar provocam modificações variadas no copo e, consequentemente, no drinque. Uma superfície de mármore, por exemplo, mantém a bebida fria por mais tempo; já a madeira a aquece mais rapidamente.

COPOS STEMMED OU FOOTED*	
Copo	Modelo
Absint drip	1
Cocktail glass	3
Cordial, liqueur, pony glass ou cálice	1
Coupette	1
Large balloon snifter	1
London dock	1
Mixing glass ou copo de mistura	3
Paris ballon, all purpose goblet ou balão	1
Port ou porto	1
Sherry, Jerez, Xerez ou copita	1
Small Brandy snifter	1

* 11 tipos de copos com 13 modelos diferentes.

Absint drip

O Absinto foi criado na Suíça e sua fórmula foi vendida, em 1880, a um cidadão francês de nome Pernod. Em 1915, essa bebida, que continha aproximadamente 71 °GL de graduação alcoólica, foi banida da França, mas logo os franceses criaram um substituto, o Pernod, e em seguida o Pastis, que possui graduação alcoólica média, em torno de 43 °GL.

O preparo da bebida no absint drip segue um ritual. Na parte de cima do copo, coloca-se uma pedra de açúcar e uma de gelo e, na parte inferior, uma dose de Pastis, Pernod ou Absinto. No corpo superior, derrama-se lentamente água fresca sobre o gelo e o açúcar, e o líquido escorre, pingando, para a parte inferior do copo através de um pequeno furo existente no centro. A parte superior do copo pode ser substituída por uma peça de metal, também chamada dripper, que serve como apoio para a pedra de gelo e para o açúcar.

Os desenhos gravados no bojo do copo original da época representam ramos da *Artemisia absynthium*, planta causadora da polêmica em torno do Absinto por conter substâncias alucinógenas. Para que se tenha uma ideia da controvérsia que então se estabeleceu em relação a essa bebida, basta lembrar que era designada em alguns círculos como a Fada Verde – musa inspiradora de Rimbaud, Baudelaire e Van Gogh. A mesma espécie vegetal de que é feito o Absinto existe em abundância em Minas Gerais, onde é conhecida como losna-do-mato.

ABSINT DRIP

FICHA TÉCNICA: ABSINT DRIP	
Modelo	único
Altura da haste	3 cm
Altura do bojo	10 cm
Altura total	13 cm
Diâmetro do bojo (+ largo)	7,5 cm
Diâmetro da borda	8 cm
Diâmetro da base	7,5 cm
Espessura do cristal	1,5 mm
Volume total	250 mℓ
Acabamento do copo	liso com desenhos da planta
Acabamento da borda	polido
Material: cristal transparente e incolor, com adição de chumbo; feito à mão.	

Cocktail glass

Por sua extensa utilização na coquetelaria, o copo para coquetel – cocktail glass – é atualmente concebido em diversos tamanhos. Todos possuem hastes longas e *shape* aberto na borda, de modo a evitar que o calor do corpo humano interfira na temperatura da bebida. É, provavelmente, um dos copos mais usados no universo dos coquetéis, incluindo-se entre eles o Martini e o Manhattan, drinques muito consumidos. Sem sombra de dúvida, é o copo que lidera a lista dos mais usados em todo o mundo, ao lado do old fashioned.

Os aficionados do martini seco consideram esse copo perfeito para a degustação do coquetel. Na verdade, ante a força do nome do drinque, tornou-se comum chamá-lo copo de Dry Martini, colocando em desuso o verdadeiro nome do copo, cocktail glass.

Lançado na Exposição de Artes Decorativas em 1925, em Paris, popularizou-se após sua aparição no filme *After the Thin Man*, tornando-se o ícone dos anos 1930, a era dourada da então nova arte de compor drinques na América.

A seguir são expostos quatro modelos, de diferentes tamanhos. Note-se que os dois menores têm capacidade de 120 mℓ, equivalente a mais de duas doses de bebida. O modelo 1 é um copo raro da Baccarat, fabricado na década de 1920.

As receitas de alguns dos coquetéis servidos nesse copo acompanham a história do mixing glass, copo no qual são preparadas em sua fórmula original.

FICHA TÉCNICA: COCKTAIL GLASS				
Modelo	1	2	3	4
Altura da haste	7 cm	10 cm	8 cm	10 cm
Altura do bojo	5 cm	6,5 cm	6,5 cm	6 cm
Altura total	12 cm	16,5 cm	10,5 cm	16 cm
Diâmetro do bojo	6,5 cm	6,5 cm	7 cm	8 cm
Diâmetro da borda	7,5 cm	9 cm	10,5 cm	11 cm
Diâmetro da base	5,7 cm	7 cm	7 cm	7 cm
Espessura do cristal	1 mm	1 mm	1 mm	1 mm
Volume total	120 mℓ	120 mℓ	150 mℓ	200 mℓ
Acabamento do copo	liso	liso	liso	liso
Acabamento da borda	facetado	facetado	facetado	facetado
Material: cristal transparente e incolor, com adição de chumbo (modelos 1, 3 e 4); vidro transparente, incolor, prensado industrialmente (modelo 2).				

COCKTAIL GLASS
MODELO 1

COCKTAIL GLASS
MODELO 2

COCKTAIL GLASS
MODELO 3

COCKTAIL GLASS
MODELO 4

Cordial, liqueur, pony glass ou cálice

Antes de apresentar esse copo, é importante examinar a etimologia e usos da palavra cordial.

- Do latim *cordis*, cor.
- Em português, o vocábulo cordial se refere às pessoas que demonstram afabilidade, sinceridade, calor, ou que manifestam afeto e simpatia explicitamente.
- Utiliza-se a mesma palavra para designar o que é próprio do coração.
- O termo cordial também pode ser usado para nomear uma poção ou medicamento que ativa a circulação sanguínea, que restaura as forças, que robustece, ou uma bebida alcoólica com as mesmas propriedades.
- Na Inglaterra, cordial é um drinque estimulante; nos Estados Unidos e na França é sinônimo de licor (*liqueur*).

No copo denominado cordial se combinam harmoniosamente as pequenas porções doces dos licores com os amargos dos bitters, sublinhando as características antagônicas desses digestivos.

Essas bebidas, cuja destilação é oriunda de ervas e raízes, possuem propriedades medicinais e teor alcoólico, regra geral, alto. São tomadas no fim das refeições e servem ainda para brindar as coisas do coração.

O copo cordial também é conhecido como pony glass.

FICHA TÉCNICA: CORDIAL, LIQUEUR, PONY GLASS OU CÁLICE	
Modelo	único
Altura da haste	11 cm
Altura do bojo	4,5 cm
Altura total	12,5 cm
Diâmetro do bojo (+ largo)	5 cm
Diâmetro da borda	4 cm
Diâmetro da base	5 cm
Espessura do cristal	1 mm
Volume total	60 mℓ
Acabamento do copo	liso
Acabamento da borda	facetado
Material: cristal transparente e incolor, com adição de chumbo; feito à mão.	

Coupette

Copo de desenho arrojado, bojo de corpo duplo, foi criado para conter drinques jovens, extravagantes e equilibrados.

É bastante utilizado para drinques curtos muito gelados, como Frozen Margarita e Piña Colada.

FICHA TÉCNICA: COUPETTE	
Modelo	único
Altura da haste	5,5 cm
Altura do bojo	7 cm
Altura total	12,5 cm
Diâmetro do bojo (+ largo)	10,5 cm
Diâmetro da borda	9,8 cm
Diâmetro da base	6,7 cm
Espessura do cristal	1 mm
Volume total	250 mℓ
Acabamento do copo	liso
Acabamento da borda	polido
Material: vidro transparente e incolor, com adição de chumbo.	

Large balloon snifter

O large balloon snifter, também conhecido como snifter, de bojo largo e borda estreita, era inicialmente utilizado no Reino Unido para se tomar Brandy, ou seja, o destilado de uva envelhecido em carvalho de forma diferenciada, português, espanhol ou francês, mais conhecido como *cognac*, Conhaque.

Na França, no fim do século XVII, esse copo era utilizado para examinar amostras de vinhos ainda não maturados.

É muito usado para o consumo de conhaques especiais mais finos, pois quando aquecido pelo calor das mãos favorece a apreciação do sabor e do aroma exalado de seu bojo (ver "Análise sensorial" no capítulo "Copos de mesa").

Apesar da beleza e da sua insuperável identificação com os conhaques, os balloon snifters possibilitam uma grande evaporação em sua superfície, ocasionando a suspensão do aroma das frutas. Contudo, maior ou menor, ainda é o copo mais utilizado e conhecido em todo o mundo para o Conhaque, seja da origem que for.

FICHA TÉCNICA: LARGE BALLOON SNIFTER	
Modelo	único
Altura da haste	2,5 cm
Altura do bojo	11,5 cm
Altura total	14 cm
Diâmetro do bojo (+larga)	11 cm
Diâmetro da borda	7,5 cm
Diâmetro da base	8,5 cm
Espessura do cristal	1 mm
Volume total	220 mℓ
Acabamento do copo	liso
Acabamento da borda	facetado
Material: cristal transparente e incolor, com adição de chumbo; feito à mão.	

LARGE BALLOON SNIFTER

London dock

O london dock foi criado na Inglaterra, no século XVIII. Os ingleses, grandes importadores de Porto, Madeira, Jerez, conhaques e vinhos de Bordeaux, criaram esse copo, adequando-o às suas exigências e costumes. Na verdade, o london dock servia como um instrumento de prova e avaliação desses produtos, um verdadeiro *clearing house*, ou câmara de compensação, no acerto da qualidade e dos preços.

Apresenta tamanho intermediário entre os copos desenvolvidos pelos portugueses e espanhóis para tomar bebidas autenticamente originadas de seus países.

Tanto nos Estados Unidos quanto na Inglaterra, o vinho do Porto e o Madeira são frequentemente degustados em copos menores e atarracados, e o Jerez, em copos com bojo de linhas retas, porém em forma de flüte. Atualmente, nenhum desses copos satisfaz as condições técnicas exigidas pelos produtores de bebidas e pelos puristas no assunto.

O london dock, mais genérico, pode ser utilizado para degustação dos vinhos Madeira e do Porto, e é aceito também pelos apreciadores de ambas as bebidas. É recomendado, inclusive, para o Marsala.

A título de curiosidade, vale acrescentar que, até recentemente, consumia-se mais Jerez no Reino Unido que em toda a Espanha.

FICHA TÉCNICA: LONDON DOCK	
Modelo	único
Altura da haste	6 cm
Altura do bojo	8,5 cm
Altura total	14,5 cm
Diâmetro do bojo (+ largo)	5 cm
Diâmetro da borda	4 cm
Diâmetro da base	5,8 cm
Espessura do cristal	2,0 mm
Volume total	100 mℓ
Acabamento do copo	liso
Acabamento da borda	polido
Material: vidro transparente e incolor, prensado industrialmente.	

LONDON DOCK

Mixing glass ou copo de mistura

Esse é, provavelmente, um dos copos mais importantes no universo da coquetelaria. É utilizado como instrumento para preparar coquetéis mexidos que requerem muita técnica e rapidez, como o Dry Martini, o Manhattan ou o Gibson, cujo tempo de preparo não deve ultrapassar um minuto. São coquetéis elaborados com abundância de gelo e que, acima de tudo, devem ser mexidos delicadamente. É importante que a haste, ou a colher misturadora, e a escumadeira, ou o coador, que são utensílios adicionais para preparar esses coquetéis, sejam feitos de um material que não transfira qualquer sabor ou aroma ao drinque: aço inoxidável é o ideal.

Prepara-se o drinque no balcão do bar, tendo o cuidado de servi-lo em menos de um minuto, para evitar que o gelo derreta e que a bebida fique aguada. Leva-se o copo de mistura e o copo de serviço adequado, previamente gelado, a quem vai degustar o drinque, quando então a bebida será vertida no copo. O primeiro copo tem capacidade para o preparo de um coquetel; o segundo, para dois coquetéis, e o terceiro, para três ou mais.

FICHA TÉCNICA: MIXING GLASS OU COPO DE MISTURA			
Modelo	1	2	3
Altura da haste	3,5 cm	-	-
Altura do bojo	8,5 cm	13 cm	20 cm
Altura total	12 cm	13 cm	20 cm
Diâmetro do bojo (+ largo)	8,5 cm	8 cm	9,5 cm
Diâmetro da borda	5,5 cm	6.5 cm	9,5 cm
Diâmetro da base	7 cm	5 cm	6,5 cm
Espessura do cristal	1 mm	2 mm	2 mm
Volume total	275 mℓ	450 mℓ	1.000 mℓ
Acabamento do copo	polido	polido	facetado
Acabamento da borda	polido	polido	polido
Material: vidro transparente e incolor, prensado industrialmente (modelos 1 e 2); cristal transparente e incolor, com adição de chumbo (modelo 3).			

MIXING GLASS OU COPO DE MISTURA
MODELO 1

MIXING GLASS OU COPO DE MISTURA
MODELO 2, PARA 2 PESSOAS

MIXING GLASS OU COPO DE MISTURA
MODELO 3, PARA 3 OU MAIS PESSOAS

Paris ballon, all purpose goblet ou balão

De bojo e diâmetro de borda largos, esse copo era, em sua origem, utilizado na Inglaterra para inalar a bebida. Na França, seu desenho foi sofrendo modificações e, atualmente, o paris ballon, como é popularmente conhecido, apresenta uma borda de abertura média e é usado para tomar vinhos novos, como os vinhos da casa, Des Table ou Des Pays. É um copo bastante versátil. No Brasil, é utilizado também para tomar água, vinho, cerveja e alguns drinques longos. Por ter o bojo grande, comporta gelo, e até frutas como complemento do seu conteúdo.

Esse copo *all purpose* – expressão inglesa que significa "todas as utilidades" – é utilizado intensamente no mundo todo.

É uma ótima solução para pessoas que não têm muito compromisso com hábitos sofisticados, que exigem dois ou mais copos de vinho à mesa durante as refeições.

FICHA TÉCNICA: PARIS BALLON, ALL PURPOSE GOBLET OU BALÃO	
Modelo	único
Altura da haste	5 cm
Altura do bojo	7,5 cm
Altura total	13,5 cm
Diâmetro do bojo (+ largo)	8 cm
Diâmetro da borda	7 cm
Diâmetro da base	7 cm
Espessura do cristal	1 mm
Volume total	240 mℓ
Acabamento do copo	liso
Acabamento da borda	polido
Material: vidro transparente e incolor, prensado industrialmente.	

Port ou porto

O formato e a utilização desse copo são muito semelhantes aos do copo de Xerez; em Portugal é usado para tomar vinho do Porto ou coquetéis que tenham essa bebida como base, como, por exemplo, o Porto Flip.

O Instituto do Vinho do Porto reconhece oficialmente os copos de Xerez como bons para a degustação dessa bebida, desde que apresentem um balloon shape ligeiramente acentuado, tendendo para a oclusão na borda, com maior ou menor capacidade de volume.

FICHA TÉCNICA: PORT OU PORTO	
Modelo	único
Altura da haste	7,0 cm
Altura do bojo	10,5 cm
Altura total	17,5 cm
Diâmetro do bojo (+ largo)	6,5 cm
Diâmetro da borda	4,5 cm
Diâmetro da base	7,0 cm
Espessura do cristal	1,0 mm
Volume total	220 mℓ
Acabamento do copo	liso
Acabamento de borda	facetado
Material: cristal transparente e incolor com adição de chumbo; feito à mão.	

Nota: o acabamento da haste facetada apresenta pequena reentrância para encaixe do dedo.

VINHO DO PORTO
001756
GARANTIA
Instituto do Vinho do Porto

>> COPO PARA VINHO DO PORTO*

Se o Champanhe de há muito tem um copo que lhe é apropriado, o vinho do Porto só recentemente recebeu um a ele destinado, criado pelo conhecido arquiteto portuense, de renome internacional como o do vinho, Álvaro Siza, que o projetou especialmente para o Instituto do Vinho do Porto.

É um copo semelhante ao modelo ISO (copo padrão para a degustação de vinhos), ligeiramente menor, de haste facetada, com uma pequena concavidade em uma das arestas, para o apoio do polegar e do indicador.

No ano de 2006, alguns órgãos da imprensa europeia associaram o formato do novo copo à redescoberta do fóssil de um invertebrado de milhões de anos, que acabara de ocorrer. Para essas fontes, o vinho da mais antiga região demarcada de vinhos, a do Alto Douro, estabelecida há um quarto de milênio (1756), recebia um copo cujo *design* "tinha 470 milhões de anos".

---

* Colaboração de Sergio de Paula Santos.

Sherry, jerez, xerez ou copita

Esse copo, também conhecido como copita, na Espanha, onde é utilizado para servir Xerez (em espanhol, *Jerez*), apresenta formato estreito e alongado, o que o torna capaz de acentuar os aromas frutados da bebida. É um copo recomendado pelo Instituto Nacional de Denominación de Origen (Indo), da Espanha, e perfeito para vinhos fortificados, mas igualmente bem-aceito para o Marsala e Porto.

Somente o bojo do copo deve ser resfriado com pedras de gelo, porém nunca no refrigerador, para não embaçar o copo. A bebida deve ser servida à temperatura ambiente ou gelada poucas horas antes da degustação, ocupando somente dois terços do volume do copo. O Xerez, como todo vinho, sofre alterações a partir do momento em que é aberto, mesmo quando guardado na geladeira.

Na Espanha e nos países anglo-saxões, o Sherry é considerado o mais requintado dos aperitivos; seu sabor, deliciosamente seco, quase salgado, sugere a presença de petiscos ou tapas espanholas.

FICHA TÉCNICA: SHERRY, JEREZ, XEREZ OU COPITA	
Modelo	único
Altura da haste	6 cm
Altura do bojo	8,5 cm
Altura total	14,5 cm
Diâmetro do bojo (+ largo)	5 cm
Diâmetro da borda	4 cm
Diâmetro da base	5,8 cm
Espessura do cristal	2,0 mm
Volume total	100 mℓ
Acabamento do copo	liso
Acabamento da borda	polido
Material: vidro transparente e incolor, prensado industrialmente.	

Small brandy snifter

É o copo recomendado para tomar Calvados ou Armagnacs, pois a bebida fica protegida, permitindo melhor apreciação dos aromas. Muitos também utilizam o small brandy snifter para a degustação de licores e aquavitas.

Nos testes de degustação de Conhaques e de outros destilados que repousam em carvalho, utilizam-se, há muitos anos, copos pequenos e delgados. Seu desenho foi concebido para que os delicados aromas da fruta possam exalar.

Os tradicionais copos abaulados foram eliminados da degustação técnica, pois, apesar de bonitos, sua grande superfície de evaporação libera vapores alcoólicos vigorosos.

Copos grandes acentuam o álcool e abafam os aromas frutais: os pequenos conseguem desvendar diferentes buquês e, dessa maneira, liberar os aromas doces das frutas.

FICHA TÉCNICA: SMALL BRANDY SNIFTER	
Modelo	único
Altura da haste	6,5 cm
Altura do bojo	9,5 cm
Altura total	17 cm
Diâmetro do bojo (+ largo)	6 cm
Diâmetro da borda	4,5 cm
Diâmetro da base	6,5 cm
Espessura do cristal	0,5 mm
Volume total	190 mℓ
Acabamento do copo	liso
Acabamento da borda	facetado
Material: cristal transparente e incolor, com adição de chumbo; feito à mão.	

Copos para cerveja

Antes de falarmos em copos adequados para tomar os diferentes tipos de cerveja, é importante dar ao leitor uma visão panorâmica da história e da evolução da bebida ao longo do tempo.

Acredita-se que a cerveja exista há pelo menos 6 mil anos, data aproximada da mais antiga referência de sua fabricação: o Monumento Azul. Trata-se de um baixo-relevo esculpido em pedra que mostra como os sumérios produziam a bebida para oferecer à sua deusa Nina. Encontrada em escavações no Oriente Médio, a peça hoje faz parte do acervo do Museu do Louvre, em Paris. A cervejaria mais antiga de que se tem notícia data de 5400 a.C. e foi descoberta recentemente por arqueólogos, no Egito.

Atualmente, a Weihenstephan é a cervejaria mais antiga do mundo ainda em funcionamento (foi fundada em 1040), constituindo o principal centro de ensino de tecnologia em cervejaria da Universidade de Munique.

A primeira regulamentação do processo de fabricação da cerveja foi feita na Baviera, pelo duque Guilherme IV, em 1516. Ele promulgou a lei da cerveja, a mais antiga conhecida do mundo, que determina os ingredientes que podem ser utilizados na fabricação da bebida: cevada, lúpulo e água.

Outra importante contribuição foi dada pelos cervejeiros tchecos da cidade de Pilsen, em 1839, que descobriram a baixa fermentação no processo de fabricação da bebida. A partir de então, a cerveja passou a ter uma coloração clara, sabor mais suave e maior duração. A claridade e a transparência dos recipientes utilizados para tomar a bebida também contribuíram para a mudança no hábito de saboreá-la. As canecas de cerâmica e de estanho foram substituídas por canecas e copos de vidro transparente; assim, tanto a cor e o brilho do líquido dourado quanto a espuma passaram a ser apreciados, aumentando dessa forma o prazer da degustação.

Em 1876, Pasteur publicou estudos sobre a fermentação de micro-organismos, que resultaram na introdução do processo de pasteurização, o que acarretou nova revolução na indústria da cervejaria: a partir daí, a durabilidade da cerveja passou a ser muito maior. Outro fato de suma importância para o setor foi a utilização do frio artificial produzido por meio da amônia, que possibilitou a produção de cerveja durante o ano todo, não apenas no inverno, como ocorria anteriormente. Assim, a partir do século XIX as cervejarias passaram a se aperfeiçoar constantemente, desenvolvendo as mais diversas variedades de cerveja.

Nos dias atuais, a cerveja do tipo Pilsen ou Lager (qualquer cerveja dourada, seca e de baixa fermentação) é a mais consumida do mundo, possuindo teor alcoólico equivalente a 5%. No Brasil e em países tropicais em geral, a bebida é consumida a uma temperatura entre 4 °C e 8 °C, com um colarinho de espuma que, por sua textura consistente e densa, serve para isolar a bebida do meio ambiente, mantendo-a gelada. Já a cerveja mais encorpada e de sabor forte e amargo, de fermentação variável, e aroma de estilo Bock, pode atingir o elevado teor alcoólico de 7%. Sua tonalidade varia do claro ao escuro.

Ao contrário das anteriores, a cerveja do tipo Stout, bastante encorpada, forte e nutritiva, possui coloração escura, quase preta. Tem sabor amargo e altamente acentuado, apresentando teor alcoólico bem mais elevado, entre 7% e 9%.

A Ale inglesa, de alta fermentação, aromática, escura tipo âmbar, mais amarga, encorpada, lúpulo pronunciado, tem teor alcoólico de 5% a 7%, aproximadamente.

Necessitamos ainda comentar sobre o chope, uma cerveja clara, do tipo Pilsen, muito leve e de paladar característico das cervejas de baixa fermentação. Exala aroma neutro e tem sabor geralmente amargo, bem menos acentuado, com teor alcoólico médio de aproximadamente 4,5%. O chope não deve conter aditivos, o que constitui o maior diferencial desse tipo de cerveja. Sua durabilidade é muito curta, cerca de 10 dias se o barril não for violado. Do contrário, em 24 horas a bebida estraga, por não ser pasteurizada. Portanto, o chope será tanto mais saboroso quanto mais novo for. Importante esclarecer, ainda, que ele não deve ser confundido com a Draft Beer, que nada mais é do que cerveja tirada sob pressão. Atualmente, o Brasil é um dos poucos países do mundo que produz chope.

A verdade é que a cerveja não é apenas a mais antiga das bebidas conhecidas, mas também a mais consumida em todo o mundo, em todas as estações do ano, em todas as ocasiões e a qualquer hora – antes, durante e após as refeições –, por homens e mulheres de todas as idades, e utilizada, inclusive, como remédio para algumas doenças infantis. Reidrata o corpo, pois contém 90% de água, reativa o metabolismo e é rica em vitaminas, carboidratos, proteínas e aminoácidos. Pura ou misturada, na forma de coquetel ou como sider, é uma bebida refrescante, diurética e reconstituinte. A cerveja também constitui ingrediente fundamental no preparo de diversos drinques, como o Submarine, o Black Velvet, a Vaca Preta, entre outros.

Assim, é importante atentar para alguns aspectos que devem ser observados com relação à cerveja e que culminam no bom uso dos copos.

Qualquer cerveja, clara ou escura, necessita ter colarinho grande, ou seja, ter espuma no copo.

A cerveja deve ser servida a uma distância aproximada de 3 cm da borda do copo, para que possa ocorrer uma desgaseificação adequada. Uma cerveja sem espuma pode estar choca, ou muito gelada, pois forma cristais; ou o copo pode ter sido mal lavado, pois o detergente inibe a formação de bolhas, liberando o gás da cerveja mais rapidamente.

Essa bebida deve ser guardada em pé, em lugar fresco e à sombra, para evitar a oxidação prematura. Deve ser resfriada na geladeira, sem pressa. Não deve ser colocada no freezer, pois a rapidez do resfriamento prejudica a bebida. Depois de gelada, deve ser consumida.

Nas páginas 156-165, selecionamos os copos mais comumente utilizados para saborear os tipos de cerveja comentados. É interessante lembrar que na Europa, regra geral, cada bar, restaurante, pub ou hotel tem seus copos de cerveja produzidos ao estilo e gosto local. As cervejarias promovem seus produtos com copos estilizados, de acordo com a sua própria marca.

À guisa de curiosidade, mencionaremos a esse respeito que na Bélgica, país onde se verifica o maior consumo *per capita* de cerveja no mundo, e onde existe a maior concentração mundial de fábricas da bebida, o fato de cada fábrica desenvolver o *design* de seus copos segundo seus produtos deu origem à existência de algo em torno de 400 tipos diferentes de copos para cerveja, por volta do ano 2000.

Portanto, seria temerário estabelecer aqui regras sobre copos. Assim, apenas ilustraremos o assunto, deixando para cada leitor a escolha dos copos que usará, de acordo com seu gosto pessoal.

Cervejas e copos do Brasil

A qualidade do chope, a temperatura da cerveja, a altura do colarinho, a escolha do melhor copo, a discussão sobre qual deles combina melhor com a bebida assemelha-se às conversas acerca de futebol e de política: todos têm sua certeza, e ninguém se entende.

Neste tópico relativo à cerveja e ao chope, tão integrados aos nossos costumes, foram incorporados alguns nomes e usos de copos da cultura popular, os quais é interessante registrar.

Muito comum no Rio de Janeiro para se tomar chope, a caldeireta, conhecida em Londres como tumbler e, em Nova York, como old fashioned, faz dupla com o garoto (menor que ela).

A querida flauta, flüte ou copo viena, mais estreito, de borda mais aberta, protege a bebida com mais espuma, e mantém na parte inferior o chope mais gelado, fruto do seu estreitamento na base, acompanhando o desenho aproximado do instrumento musical.

Também com o mesmo sotaque francês vem a nossa tulipa ou rabo de peixe, feita manualmente com vidro muito fino, campeã de leveza e de quebra, ainda prestigiada por alguns bares magnânimos na reposição de copos.

O copo hannover com pé é outra escolha. Muito utilizado por seu formato, bastante conhecido na Europa, com haste e bojo estreitos que fazem com que a espuma – o nosso popular "colarinho", hoje também chamado creme por alguns patriotas –, demore mais tempo para se dissipar.

Na realidade, esse é um fenômeno térmico precipitado pela densidade da espuma, que permanece na parte superior do bojo do copo, fazendo com que o líquido permaneça gelado.

Fenômeno similar ocorre com o Irish Coffee, em que o creme chantilly, mais denso, atua em sentido contrário, mantendo o café mais quente, na parte inferior do copo.

Porém, o mais fantástico de todos os copos brasileiros, usado em bares, botequins, restaurantes, hotéis, hospitais, residências e pizzarias do país, sem exceção, para cerveja, água, pingado, guaraná, coca-cola, água de coco, leite, caipirinha, etc., é o copo americano, cheio de estrias paralelas no sentido vertical, produzido industrialmente por uma máquina de origem americana importada pela Nadir Figueiredo, no fim da década de 1940. Até hoje esse copo encabeça a lista dos mais utilizados genericamente.

O copo bolinha ou balão, conhecido na França como paris ballon, também é de uso geral, muito prático, porém mais sofisticado.

Totalmente incorporado à nossa vida e à nossa cachaça tão brasileira, com "choro para o santo", o martelinho ou cowboy é muito utilizado também para se tomar café, Conhaque, Vermute, Cynar, Fernet, Fogo Paulista, tubaína, whisky puro, Rum, licor, Vodca, etc.

Não poderíamos deixar de lado as canecas de vidro e metal ou louça, conhecidas internacionalmente pelo nome de steiner ou mug.

Ficou para o fim, numa homenagem às coisas do sertão de Guimarães Rosa e do chapadão de Mário Palmério, coisas de Minas e do Brasil, a caneca "fôia" dente de piranha que *vévi dipindurada nu canto, di a meia co póte di água fresca.*

BOLINHA OU BALÃO

RABO DE GALO, MARTELINHO OU COWBOY

Copos para Champanhe e espumantes

Variedades de espumantes

Frisante	Portugal
Spumante	Itália
Moscato/Prosecco	Itália
Cava	Espanha
Seckt	Alemanha
Crémant	França
Mousseux	França
Pétillant	França
Sparkling	Califórnia
Espumante	Brasil

Champagne, região localizada ao norte da França, é uma das mais antigas regiões vinicultoras da Europa. O solo alcalino e o clima úmido contribuem naturalmente para a fama de seus vinhos brancos borbulhantes, tão requintados.

Pela origem, são vinhos de mesa naturalmente efervescentes, ou tratados por um processo secundário em que ocorre a efervescência durante o engarrafamento do líquido. Essa segunda fermentação deve-se à adição de açúcar, dióxido de carbono e gás.

Até o fim do século XVIII era um vinho doce de sobremesa, porém borbulhante. Muito apreciado na época, esse tipo especial de bebida era obtido a partir da adição de dosage, uma mistura de vinho e xarope.

O teor de adição era da ordem de 110 g a 165 g por litro de Champanhe. Nos dias atuais, o Champanhe doce pode conter até 50 g, o seco até 35 g, e o brut até 15 g; o brut autêntico, porém, não leva nenhuma adição de xarope ou licor de vinho. A técnica da fermentação secundária na garrafa foi aperfeiçoada somente no século XIX, por um monge beneditino chamado dom Pérignon.

Existe uma enorme diferença entre o vinho com borbulhas e a realeza do Champanhe.

Produzem-se bons espumantes na Borgonha, em Crémant da Alsácia e em Blanquete de Limoux, na França; em Penedes e Freixenet, na Catalunha; no norte da Itália, na Alemanha, Califórnia, etc. Porém, o Champanhe elaborado com o método champenoise é produzido somente na França, na região de mesmo nome.

Somente por volta de 1840 surge a taça ou coupe rasa e aberta, quando também começa o enriquecimento dos utensílios à mesa. A tradicional taça para degustação da bebida foi criada para um tipo especial de Champanhe doce e borbulhante, adequado para acompanhar a sobremesa.

Até então, os copos eram indefinidos e de uso coletivo. As pessoas mais nobres possuíam um copo para cada dois convidados. Mesmo na Inglaterra mais sofisticada tomava-se Xerez ou Madeira no início das refeições, vinho branco, Claret de Bordeaux ou Borgonha e, no final, Porto.

A economia inglesa forçava os costumes e o mercado a adequarem os produtos ao seu uso. Exemplo: Porto, Madeira, Marsala, Xerez, Gim, Bordeaux Claret, Scotch, Rum, Champanhes. Alguns copos começaram a surgir, como o london dock, o balloon e o Brandy snifter, utilizado também como copo de prova.

A ideia do Champanhe seco ocorreu a um inglês que adaptou a bebida, produzindo-a sem adoçante para não ocupar o espaço do Porto, que já dominava o mercado e, além disso, tinha melhores preços. O Champanhe tornava-se, assim, menos doce e mais seco, de produção mais fácil e mais acessível, sem dosage.

Somente no decorrer da década de 1920 os Champanhes secos passaram a ser produzidos e consumidos regularmente, protegidos pelo *design* e pelo *shape* das flütes. Começaram, então, a ser degustados em pé e, portanto, fora da mesa.

COPOS PARA CHAMPANHE E ESPUMANTES*	
Copo	Modelo
Champagne coupe	1
Champagne flüte e champagne tulipe	2
Large champagne saucer	1

* 3 tipos de copos, com 4 modelos diferentes.

Champagne coupe

É a clássica taça para tomar Champanhe puro. Possui haste alta para manter a bebida gelada, bojo volumoso e borda larga, permitindo a desgaseificação da bebida. Criado para todos os vinhos doces, leves e frisantes, o desenho do champagne coupe foi concebido para acentuar a acidez e o equilíbrio da doçura, intensificando essa mistura com seu efeito borbulhante.

Por seu *shape* e capacidade, esse copo, quando preenchido com menos da metade de sua capacidade, concentra uma única efervescência e mantém a textura cremosa da bebida no palato.

Esse copo, de borda aberta, não é recomendado para Champanhes secos, pois seu *shape* favorece intensamente a desgaseificação do vinho. Poder ser utilizado também para tomar Champanhe demi-sec e outros frisantes que possam ser desgaseificados.

FICHA TÉCNICA: CHAMPAGNE COUPE	
Modelo	único
Altura da haste	8 cm
Altura do bojo	5 cm
Altura total	13 cm
Diâmetro do bojo (+ largo)	10,5 cm
Diâmetro da borda	10,5 cm
Diâmetro da base	8 cm
Espessura do cristal	1 mm
Volume total	150 mℓ
Acabamento do copo	facetado
Acabamento da borda	facetado
Material: cristal transparente e incolor, com adição de chumbo; feito à mão.	

Champagne flüte e champagne tulipe

O Champanhe seco deve ser servido preferencialmente em flüte ou tulipe, uma vez que esses copos revelam os aromas dos vinhos de excelente qualidade para os quais foram especialmente criados, protegendo a integridade das bebidas quando o degustador está em pé e em movimento. Esses copos têm a mesma vocação, porém se diferenciam um do outro pela oclusão da borda.

FICHA TÉCNICA: CHAMPAGNE FLÜTE E CHAMPAGNE TULIPE		
Modelo	Flüte	Tulipe
Altura da haste	9 cm	10 cm
Altura do bojo	14 cm	12 cm
Altura total	23 cm	22 cm
Diâmetro do bojo (+ largo)	4,5 cm	6 cm
Diâmetro da borda	4,5 cm	4,8 cm
Diâmetro da base	7 cm	9,9 cm
Espessura do cristal	1 mm	1 mm
Volume total	140 mℓ	210 mℓ
Acabamento do copo	liso	liso
Acabamento da borda	facetado	facetado
Material: cristal transparente e incolor, com adição de chumbo; feito à mão (modelos Flüte e Tulipe).		

CHAMPAGNE FLÛTE

CHAMPAGNE TULIPE

Large champagne saucer

Esse copo ou taça é utilizado para servir coquetéis que tenham como base o Champanhe e também para se saborear a bebida pura. Nesse caso, porém, a desgaseificação é mais rápida devido à abertura acentuada da borda, bem maior que a do coupe, mas sua elegância é incomparável.

O Champanhe deve ocupar até 60% do volume do copo, com espuma para os aromas e os gases se expandirem.

FICHA TÉCNICA: LARGE CHAMPAGNE SAUCER	
Modelo	único
Altura da haste	9 cm
Altura do bojo	5,5 cm
Altura total	14,5 cm
Diâmetro do bojo (+ largo)	10,9 cm
Diâmetro da borda	10 cm
Diâmetro da base	8,2 cm
Espessura do cristal	1 mm
Volume total	215 mℓ
Acabamento do copo	liso
Acabamento da borda	facetado
Material: cristal transparente e incolor, com adição de chumbo; feito à mão.	

Copos de mesa

Degustação

Uma coisa é certa e está fora de discussão: o copo em que se bebe o vinho interfere na sua apreciação. Há copos adequados para cada tipo de vinho, criados para preservar suas características. Aliás, não faltou quem dissesse, a esse respeito, que a vida é muito curta para se beber em copos errados.

Os entendidos em vinho afirmam que os melhores copos são os de cristal fino, sem muita adição de chumbo, que permitem sentir o aroma e apreciar a cor, quer se trate de vinhos tintos ou brancos.

Também recomendam degustar a bebida em copos com hastes alongadas, de modo a impedir que ela sofra a interferência da temperatura do corpo humano.

Os copos devem ser preferencialmente incolores, para mostrar a cor do vinho, com o bojo em formato de balão para concentrar os aromas próximos ao nariz, e volume aproximado de 400 mℓ enfatizando seu sabor – o qual, no entanto, deve ser preenchido parcialmente, reservando espaço para a evolução do buquê. O diâmetro e o acabamento da borda também influenciam na apreciação da bebida.

Vinhos tintos, em geral, requerem copos grandes. Para os brancos, os copos devem ser menores.

Existem algumas regiões viníferas, muito antigas, referências de altíssima qualidade, que mantêm "sotaques" regionais com relação a seus copos tradicionais – que provavelmente não melhoram o sabor do vinho, mas lhe conferem certo toque típico. Alsácia, Reno e Trier, no Mosela, são alguns exemplos.

O extravagante porrón espanhol, por exemplo, misto de garrafa e copo, de bico duplo, foi projetado para nele se beber sem tocá-lo com os lábios, provavelmente porque assim se fazia para evitar o odor do odre de pele de cabra que lhe deu origem. Podem ainda ser lembrados o paris ballon, com incontáveis utilidades dentro e fora do âmbito do consumo de vinhos, o copo de Conhaque, o Römer para brancos e tintos do Reno, a taça de Champanhe de metal com Vermeil, o cálice de vinho na liturgia católica e, até, o lendário cálice do Santo Graal.

Porém, se levássemos adiante a ideia de classificar dez ou mais tipos de vinho, ou vinte tipos de copos, como sugerem várias publicações, catálogos e livros atualmente em circulação, teríamos de eleger um número interminável de copos, o que provavelmente representaria um exagero.

Ao degustar um vinho, é importante lembrar que boa parte de seu ciclo de vida ocorre na garrafa, enquanto, na origem, transcorre sob a guarda e o controle do produtor. A partir daí, inúmeros fatores podem afetar a qualidade do vinho, para melhor ou para pior.

Por isso, os formadores de opinião, que atuam intensamente no processo de decisão da escolha do vinho nos diversos segmentos de compra do produto, sublinham a diferença entre o vinho "ser bom" e "estar bom".

Para entender melhor esse pressuposto, é necessário entrar em um campo mais subjetivo: a sensibilidade.

PORRÓN

Análise sensorial

É o processo em que os nossos sentidos governam a análise e compreensão de um produto. Quando se trata de um produto alimentar, essa análise é chamada de degustação. Eis algumas definições da palavra degustar:

- Experimentar, provar; proceder à avaliação atenta por meio do paladar;
- Apreciar sensorialmente, com deleite (uma bela música, um poema, um filme, uma viagem ou um produto);

Quanto ao termo paladar, pode ser definido da seguinte maneira:

- Função sensorial que permite a percepção de sabores pela língua e sua transmissão, por meio do nervo gustativo, ao cérebro, onde são recebidos e analisados.[2]

Por fim, degustar, segundo a Associação Francesa de Normas, é o ato de experimentar, analisar e apreciar as propriedades de um produto que atuam sobre os sentidos ou sobre os órgãos, também chamadas propriedades organolépticas (expressão afetada e labiríntica empregada no jargão da análise sensorial de vinhos).

No que se refere ao vinho, a degustação se faz por intermédio do copo: outrora, usava-se o Tastevin, na Borgonha, hoje símbolo de confrarias; atualmente, existe também o taster impitoyable de vidro, e outros menos utilizados.

Existem hoje copos para degustação homologados por organizações reconhecidas mundialmente. São elas:

- **DWI** – Deutsche Weininstitut, o Instituto Alemão do Vinho.
- **Inao** – Institut National des Appellations d'Origine des Vins et Eaux de Vie (França).
- **Indo** – Instituto Nacional de Denominaciones de Origen (Espanha).

---

[2] Antônio Houaiss, *Dicionário Houaiss da língua portuguesa* (Rio de Janeiro: Objetiva, 2001).

TASTER IMPITOYABLE

- **ISO** – International Organization for Standardization (organização internacional que padroniza produtos, bens e serviços).
- **IVP** – Instituto do Vinho do Porto (Portugal).
- **OIV** – Office Internationale de la Vigne e du Vin (uma espécie de "ONU" do vinho).

Copo ISO

Com maiores ou menores variações, esse copo obedece a certos padrões de *design*, mundialmente aceitos, e serve para degustações de especialistas em vinhos, auxiliados por processos avançados de análise, em que se usam fichas de avaliação de sistemas racionais extremamente complicados e métodos que exigem reflexão. Esses copos são utilizados para todos os tipos de vinhos: brancos, tintos, rosados, doces e secos, jovens e velhos, leves e encorpados, exceção feita aos espumantes e Champanhe, que por suas características exigem copos especiais, mais alongados.

COPO ISO

» NORMA INTERNACIONAL ISO 3591*

Organização Internacional de Normatização (International Organization for Standardization) é uma federação mundial de institutos nacionais de normatização (associações dos membros da ISO).

A Norma Internacional ISO3591 foi desenvolvida pelo comitê técnico ISO/TC 34, *produtos alimentares agrícolas*, e circulou entre as associações dos membros em agosto de 1974.

ESCOPO E CAMPO DE APLICAÇÃO

Esta norma internacional especifica as características do copo de provas para vinhos que deve ser usado na análise sensorial dos mesmos. Esse copo pode ser usado para provas de todos os tipos (prova simples, análise do perfil, etc.), de todas as características organolépticas de amostras de vinhos (cor, transparência, buquê, sabor).

DESCRIÇÃO

O copo de provas consiste num cálice ("oval alongado"), sustentado por uma haste que repousa sobre uma base. A abertura do cálice é mais estreita do que a parte convexa, para concentrar o buquê.

CARACTERÍSTICAS FÍSICAS

O copo de provas deve ser de vidro transparente e incolor (exceto para casos especiais), sem ranhuras nem bolhas.

O chamado tipo "cristalino" (copo de cristal) é de vidro transparente e incolor, pois se revelou mais adequado. Suas características principais são as seguintes:

- Óxido de zinco (ZnO), óxido de bário (BaO), óxido de chumbo (PbO), óxido de potássio (K_2O) (isolado ou combinado) maior ou igual a 10% (m/m).

---

* Adaptado de International Organization for Standardization, "Norma Internacional ISO 3591", 1-6-1977.

- Densidade relativa maior ou igual a 2,45;
- Índice de refração maior ou igual a 1,520.
- Sua borda deve ser regular, lisa e arredondada (regular e horizontal), não necessariamente espessa por causa da têmpera.
- O copo de provas deve ser temperado para atender a um bom padrão comercial.

CARACTERÍSTICAS DIMENSIONAIS

- Altura total: 155 ± 5 mm
- Capacidade total: 215 ± 10 ml
- Cálice: 100 ± 2 mm
- Haste: 55 ± 3 mm
- Base: 65 ± 5 mm

CARACTERÍSTICAS ESPECIAIS

- Tampo: o copo de provas pode, se solicitado, ser provido de um tampo.
- Marcação: o copo de provas pode ser graduado.
- Copos coloridos: em determinados testes especiais, faz-se necessário usar um copo de provas feito de um vidro cuja cor seja suficientemente densa, de modo que se sobreponha à cor do vinho, a ponto de inibir o fator visual.
- Copos com área para efervescência: para obter resultados reproduzíveis quando necessário determinar a efervescência de certos vinhos, o copo de provas deve, nesse caso, ter uma área básica circular para a formação das bolhas. Essa área básica deve ser na parte central do fundo do cálice, e deve ter diâmetro de 5 ± 0,5 mm.

A norma faz, ainda, recomendações detalhadas quanto ao uso e manipulação, lavagem, secagem e acondicionamento dos copos, para conhecimento dos quais recomendamos a leitura do documento completo.

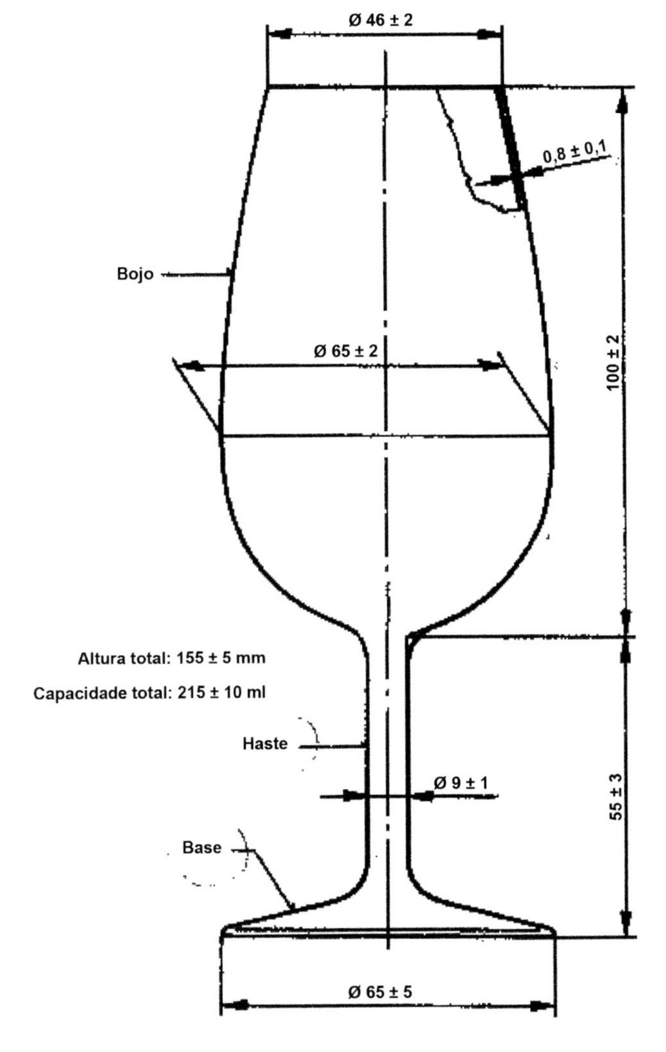

Dimensões em milímetros

Tipos de degustação

HEDONISTA

É desprovida de conhecimentos especializados do elemento analisado. Remete a impressões pessoais simples e diretas, sensitivas e prazerosas, como bom ou ruim, "gostei" ou "não gostei".

É praticada por consumidores habituais, com ou sem tradições culturais próprias da região deste ou daquele produto, como, por exemplo, carne, pão, queijo, cerveja, café, destilados, perfumes, vinhos, etc.

AMADORISTA

Elaborada por interessados, por amantes do assunto, com culturas variadas, que agregam conhecimentos isolados ou em grupo, atingindo um grau de informação que revela considerável domínio da matéria, tanto no campo teórico como prático.

PROFISSIONAL OU TÉCNICA

Complexa e sistêmica, é realizada apenas por indivíduos capacitados, ligados a determinados segmentos de mercado – enólogos, agrônomos, químicos, veterinários, sommeliers, técnicos do estado, organizações setoriais, de classe ou comércio –, mediante aquisição de cultura técnica própria e de linguagem específica.

Beber vinho é prazeroso. No entanto, degustar essa bebida com conhecimento exige um exercício de trabalho constante, treino e talento.

Nos dias atuais, a degustação de vinhos é uma arte em evidência, e a literatura em torno dela tem espaço garantido nas bibliotecas e livrarias de todo o mundo, existindo numerosas publicações dedicadas à matéria.

Produtores, vinícolas, indústrias, distribuidores, comerciantes, jornais, revistas especializadas, críticos e, mais recentemente, fabricantes de copos, alimentam discussões e estudos nesse campo.

Provadores profissionais põem o peso do seu prestígio em sutis distinções, que direcionam investimentos consideráveis em vinhos. Existem provadores que identificam centenas de diferentes aromas de flores, frutas frescas e secas, minerais, vegetais, especiarias, animais e outras diversidades com precisão sensitiva, quase subliminar. Outros, mais severos, chegam a crer que análises exatas e coerentes apenas são possíveis em laboratórios.

Algumas congregações, por sua vez, entendem que os fundamentos da apreciação do vinho são de origem hedônica, sensorial, e não enológica, concluindo, portanto, que são subjetivos.

A esse propósito, lembramos a observação de um conhecido produtor de vinhos francês: "Eu não faço vinho para se beber com vinho, mas sim com comida". Também é oportuno mencionar uma frase anônima contundente: "o vinho foi feito para ser bebido, e não inalado".

Como podemos notar, é muito difícil discutir esse assunto e, sobretudo, indicar rumos precisos nesse contexto, encontrando palavras para expressar sabores e aromas.

Ainda assim, alguns traços peculiares dos vinhos, bastante perceptíveis mediante o manuseio de copos adequados, não podem ser esquecidos, nem passar despercebidos pelo degustador.

Para podermos nos relacionar com cada um deles, num círculo contínuo de percepção, propomos examiná-los rapidamente, um a um, tentando obter informações, pistas e vestígios para uma avaliação global.

Aspecto visual

Nossos olhos são, certamente, as peças menos importantes na apreciação do vinho, pois a bebida que apresenta um belo aspecto visual pode não confirmar suas qualidades no que se refere ao olfato e ao sabor. Assim, uma amostra com excelentes características na cor pode não ser recomendada para uso varietal, mas somente no corte de outros vinhos, dando origem a um terceiro.

A cor é um atributo importante, intrigante, variado e carregado de sutilezas; porém é certamente o melhor indicador de alguns aspectos fundamentais do vinho: maturidade, sanidade, tipo de uva e teor alcoólico.

Os vinhos brancos escurecem com o tempo. Quanto aos tintos, a evolução da cor é inversa: clareiam com o tempo. Ao inclinar o copo ligeiramente, o degustador identificará o halo que se forma em volta do bojo do copo: quanto mais claro, mais velho é o vinho.

A observação vertical nos conduz ao brilho, e a horizontal nos leva à transparência. Rastros, fios, gotas corrediças descem por gravidade pelo bojo dos copos, depois de girados, deixando marcas e revelando a riqueza do corpo, a essência e o teor alcoólico. Alguns as chamam de janelas, outros de pernas, outros de lágrimas. Essa análise só poderá ser feita em um copo de cristal fino transparente, com bojo de forma e volumetria apropriados, apoiado em uma base que permita um toque equilibrado na haste, mantendo a temperatura desejada.

Aspecto gustativo

> Numa análise simplista, tem-se a impressão de que é na boca que se concentram todas as impressões e características de um vinho.
> Ao contrário, porém, do que normalmente se supõe, a principal característica dos produtos por nós consumidos, que possibilita a sua identificação, é o aroma. Essa característica é percebida no interior da boca, por meio das fossas nasais, que levam os odores desses produtos ao bulbo olfativo. Também é na boca que se percebem as sensações táteis e térmicas, o álcool, o corpo, o tanino e a maciez (aroma de boca).

> A temperatura de serviço do vinho também altera a percepção dessas sensações: o açúcar fica evidenciado pelo calor; a acidez é ressaltada pelas baixas temperaturas; a adstringência é mais acentuada no frio; o amargor é mais sentido em temperaturas baixas; há mais desprendimento de gás carbônico no calor; temperaturas mais baixas ressaltam o frutado do vinho.[3]

A comida e a bebida que ingerimos entram em contato com receptores gustativos na língua. As sensações produzidas são doces, salgadas, azedas e amargas. Ao mesmo tempo, os vapores da comida ou da bebida entram pelas cavidades nasais e bucais e chegam aos receptores olfativos localizados pouco abaixo dos olhos.

As diversas sensações olfativas são responsáveis pela experiência sensorial de comer e beber, isto é, enquanto bebemos ou comemos, sentimos o gosto e o cheiro da bebida e da comida. Esse composto é chamado sabor e é experimentado na boca.

Acredita-se que essa sensação ocorra por meio do tato. O paladar parece originar-se não só nas papilas gustativas, como também em toda a superfície da boca, inclusive bochechas, gengivas e lábios, apesar de as papilas se localizarem somente na língua. Isso porque o cérebro usa o tato para localizar o paladar. Nesse momento, há também a contribuição da saliva.

Temperaturas muito baixas anestesiam as papilas gustativas, e as muito altas acarretam a evaporação do álcool, modificando as substâncias presentes no vinho, o que pode desequilibrar seu estado original.

Portanto, mais uma vez, shape e volumetria do bojo, diâmetro da borda adequados, apoiados em uma haste com base estável, alteram a condição da bebida.

---

[3] Associação Brasileira de Sommeliers, apostilas dos cursos básico, avançado e de enogastronomia.

Alguns especialistas afirmam ainda que a borda facetada conduz a bebida para o interior da boca de forma diferente da proporcionada pela borda arredondada, alterando o fluxo do vinho e, com isso, afetando o sabor.

A entrada e saída dos fluxos do vinho na boca são antagônicos, ou seja, em uma degustação técnica o ato de engolir atua de forma contrária ao ato de expelir a amostra de prova, afetando a análise.

Aspecto olfativo

Atualmente, compreendo melhor por que minha mãe tapava meu nariz ao fazer-me tomar o insuportável xarope de ruibarbo quando criança, recomendado para os males da digestão, pois "o nariz é a antena dos órgãos do paladar: língua, palato e garganta".[4]

Sentido essencial dos animais, com o passar dos séculos o olfato gradativamente se atrofiou no homem, embora, assim como o tato, não se degrade tanto com a idade.

A redescoberta da sensibilidade do olfato no mundo do vinho implica o cultivo de uma virtude de desenvolvimento muito mais difícil do que a capacidade de exame visual.

Os componentes aromáticos e voláteis do vinho, identificáveis por via nasal, direta ou indiretamente, são de origem química e física, diversa e abundante; somam-se a eles inumeráveis substâncias orgânicas definidas.

Na análise olfativa, a temperatura do vinho também pesa consideravelmente. Um vinho servido muito frio, se aquecido, pode liberar seus aromas, podendo esse aquecimento ser realizado dentro da própria boca, o que volatiliza os componentes aromáticos do vinho.

---

4 *Ibidem.*

Com isso, a utilização da via retro-olfativa, responsável por grande parte do sabor dos alimentos, é ativada. Daí a perda da capacidade de sentir o gosto dos alimentos em situações de diminuição da capacidade olfativa, como durante gripes e resfriados.

Podemos classificar os aromas existentes nos vinhos em três grandes grupos:

- aromas primários ou da uva;
- aromas secundários da vinificação;
- aromas terciários ou buquê.

A qualidade e intensidade dos aromas são determinantes para a personalidade de um vinho, e sua apreciação está diretamente ligada à forma do copo. Quanto mais jovens os vinhos, mais aromas primários e secundários possuem. Quanto mais velhos, mais sobressaem os aromas terciários. Jovens, os vinhos são frutados (exalam aroma de uva), de forma especial os brancos. Os tintos também possuem características de jovens e frutados, quando recém-elaborados.

O buquê só se desenvolve corretamente em uma limitada faixa de temperatura e, regra geral, somente evolui nos vinhos tintos com sua vivacidade e seus taninos conservantes, que equivalem à acidez e frescor nos brancos.

Baixas temperaturas inibem a intensidade do aroma, enquanto as altas desencadeiam, principalmente, vapores de álcool. Apesar da importância do formato do copo, ele só poderá ser utilizado de maneira proveitosa se o vinho for servido à temperatura e em quantidade corretas.

Uma vez decantado no copo, o vinho começa imediatamente a evaporar, e seus aromas rapidamente enchem o copo em camadas, de acordo com sua densidade e gravidade, fruto do *shape* do bojo do copo.

Os aromas mais leves e frágeis são os das flores e frutas, que sobem até a borda do copo, enquanto o meio se enche de odores vegetais e de componentes minerais e do solo. Os mais pesados, tipicamente de madeira e álcool, ficam no fundo. É interessante lembrar que o fundo do copo vazio também revela aromas significativos: madeira, tanino e componentes vínicos ainda permanecem residualmente. Esse detalhe valioso da persistência quase sempre é desprezado pelos degustadores.

Ao girar o vinho no copo, umidifica-se uma superfície maior do bojo, o que aumenta a evaporação e a consequente intensidade dos aromas. Mas somente balançar o copo não garante que os vários elementos do buquê se misturem. Isso explica por que o mesmo vinho, em diferentes copos, revela uma variedade de aromas tão grande: o mesmo vinho pode ter toques frutais em um copo e de vegetais em outro.

Copos com maior capacidade, acima de 400 mℓ, permitem ao degustador cheirar através das camadas do buquê. Inalando-o contínua e delicadamente, por aproximadamente 10 segundos, é possível penetrá-lo das camadas mais frutais às mais terrosas e alcoólicas, razão pela qual, nos dias atuais, os copos aumentaram de tamanho.

É por isso tudo que um copo pode fazer diferença, revelando o espírito do vinho. Assim, se eleger tipos de vinho já é uma tarefa difícil e temerária, apontar copos ideais para seu consumo é um desafio ainda mais complexo.

Copos de mesa e seus vinhos

Para falarmos acerca dos copos de mesa em que são servidos os vinhos, o melhor caminho seria primeiro discriminar os tipos de vinhos, fornecendo pistas sobre como degustá-los com o auxílio de copos adequados. Entretanto, somente uma análise comparativa permitiria adentrar esse universo, pois se trata de um assunto muito abrangente, extenso e polêmico.

O grau de subjetividade que essas comparações implicam é infinito. Por isso, tentamos expor o maior número possível de opiniões, para que o leitor tire suas próprias conclusões. Como em outras situações de pesquisa, as opções apresentadas estão sujeitas a controvérsias que convidam à reflexão.

O vinho

Introdução

A intimidade no convívio com o vinho cria uma cultura específica, de difícil compreensão para os não iniciados.

Eles são servidos durante a refeição à mesa? Acompanhados sempre de pratos? Seriam eles componentes nobres da gastronomia?

Seriam precursores? O sabor dos pratos servidos pode ofuscar suas qualidades? Ou, ao contrário, harmonizar-se com elas?

Na verdade, os vinhos podem brilhar sozinhos, exibindo seus traços sem que a comida ocupe o primeiro plano. Esse tipo de bebida é um elemento vivo, sujeito a alterações que mexem com nossos sentidos, alimentando e alegrando há séculos a humanidade.

Nos dias atuais, o número de países produtores de vinho, bem como seu consumo em todas as ocasiões, vem aumentando aceleradamente, em todo o mundo. A evolução dos costumes e a influência da moda fizeram com que o vinho saísse da mesa para ocupar espaço também em bares, festas, aperitivos, after dinners, etc.

Considerado durante séculos uma bebida divina, foram desenvolvidos, ao longo do tempo, copos adequados para que o vinho possa ser apreciado em toda a sua plenitude.

Atualmente, para boa parte dos autores, existem em torno de 9 a 18 tipos de vinho, à mesa e fora dela. Outros, mais simplistas, preferem falar apenas em brancos e tintos. O autor Euclides Penedo Borges[5] sugere uma lista criteriosamente elaborada de catorze tipos de vinho:

1.	Vinho branco seco leve
2.	Vinho branco seco meio corpo
3.	Vinho branco seco encorpado
4.	Vinho branco doce
5.	Vinho branco doce natural
6.	Vinho branco doce licoroso
7.	Vinho rosado
8.	Vinho tinto seco leve
9.	Vinho tinto meio seco
10.	Vinho tinto seco encorpado
11.	Vinhos tintos doces naturais

[5] Euclides Penedo Borges, *ABC ilustrado da vinha e do vinho* (Rio de Janeiro: Mauad, 2004).

12.	Vinho branco seco espumante
13.	Vinho branco seco fortificado
14.	Vinho tinto doce fortificado

O conhecido mestre do vinho Hugh Johnson, em uma de suas várias e consistentes obras, *Como apreciar vinhos*,[6] sugere onze tipos de vinho. São eles:

1.	Branco seco sem aroma muito distinto
2.	Branco seco encorpado
3.	Branco levemente aromático com sabores de uva ou fragrância de frutas e flores
4.	Vinho branco doce
5.	Vinho rosado
6.	Vinho tinto jovem e fresco
7.	Vinhos tintos comuns
8.	Vinho semiencorpado para amadurecer
9.	Vinhos tintos escuros encorpados e turbinados
10.	Vinhos espumantes e Champanhe
11.	Vinhos com álcool adicionado

A edição brasileira do *Larousse do vinho* faz referência a catorze tipos de vinho:[7]

1.	Vinho branco seco leve e nervoso
2.	Vinho branco seco macio e frutado
3.	Vinho branco seco muito aromático
4.	Vinho branco seco amplo e elegante
5.	Vinho branco meio seco aveludado e licoroso

[6] Hugh Johnson, *Como apreciar vinhos* (Rio de Janeiro: Ediouro-Tecnoprint, 1993).

[7] Guta Chaves (org.), *Larousse do vinho* (São Paulo: Larousse do Brasil, 2001).

6.	Vinho rosé vivo e frutado
7.	Vinho rosé generoso e encorpado
8.	Vinho tinto leve e frutado
9.	Vinho tinto carnoso e frutado
10.	Vinho tinto complexo, potente e generoso
11.	Vinho tinto complexo, tânico e elegante
12.	Vinho tinto complexo, elegante e raçudo
13.	Vinho espumante
14.	Vinho fortificado e de sobremesa

Na mesma publicação, são citados dezoito tipos:[8]

1.	Vinho branco leve e seco
2.	Vinho branco meio seco
3.	Vinho branco seco e amplo
4.	Vinho branco seco concentrado
5.	Vinho branco aromático
6.	Vinho branco doce ou licoroso
7.	Vinho rosé
8.	Vinho tinto frutado, não envelhecido, leve
9.	Vinho tinto medianamente encorpado
10.	Vinho tinto concentrado e potente
11.	Vinho tinto de guarda
12.	Vinhos tintos especiais
13.	Vinho espumante leve e frutado
14.	Vinho espumante fino e intenso
15.	Vinho espumante leve e aromático
16.	Vinho fortificado branco e tinto seco
17.	Vinho fortificado branco e tinto meio seco
18.	Vinho fortificado branco e tinto doce

8 *Ibid.*, pp. 22-24.

Jens Priewe, em um livro muito interessante, intitulado *Wine: from Grape to Glass*,[9] faz referências mais contidas a nove tipos de vinhos:

1. Vinho branco *light*
2. Vinho branco seco meio encorpado
3. Vinho branco seco encorpado
4. Vinho de sobremesa
5. Vinho tinto *light*
6. Vinho tinto meio encorpado
7. Vinho tinto encorpado
8. Vinho espumante
9. Vinho fortificado

Como podemos verificar, excluindo-se os vinhos espumantes e os fortalecidos, há entre vinte e quarenta tipos de vinhos citados, o que nos conduz a um preciosismo que foge ao nosso propósito.

Cristalerias e estúdios famosos, muito tradicionais e com sólida reputação na história do *design* e no desenvolvimento de estilos de copos, fabricam produtos de altíssima qualidade há séculos. Essas empresas oferecem um número enorme de alternativas em seus catálogos no que se refere a copos de vinho ou de mesa.

Resulta, portanto, um leque de ofertas extraordinariamente sofisticado, variado e altamente dispendioso para o bolso do amante do vinho: copos para Bordeaux jovens, Bourdeaux maturados, Bordeaux Gran Crus, Hermitage, Chianti clássico, Beaujolais Nouveau, Rosé, Riesling, Chardonnay, Rheinghau, Montrachet, Mersault, Chablis, Alsace, Sauternes, Champanhe, Moscato, Barolo, Sherry, Porto, etc.

Considerada essa imensa variedade de vinhos e de copos, propomos, como comentamos anteriormente, agrupá-los de forma compacta em dez tipos de vinho e seis modelos de copo para sua degustação.

---

[9] Jens Priewe, *Wine: from Grape to Glass* (Nova York: Abbeville Press, 2001).

Seis copos para dez tipos de vinhos de mesa

Veja a seguir os copos para a degustação dos respectivos tipos de vinhos:

- **Copo nº 1** – Vinho branco seco leve sem aroma definido.
- **Copo nº 2** – Vinho branco seco encorpado e vinho branco seco aromático frutado de meio corpo.
- **Copo nº 3** – Vinho rosé e vinho tinto seco jovem e fresco.
- **Copo nº 4** – Vinho tinto seco comum e vinho tinto seco semi-encorpado por evoluir.
- **Copo nº 5** – Vinho tinto seco encorpado concentrado e vinho tinto seco de safras muito especiais para guarda.
- **Copo nº 6** – Vinhos doces naturais.

Ao eleger um copo para determinado tipo de vinho, é importante não perder de vista, porém, que fazer uso de copos como demonstração de exercício técnico de equilíbrio e maestria pode ser um exagero.

Tipos de vinho

Vinho branco seco leve sem aroma definido – copo nº 1

São os chamados vinhos de fundo, com pouco aroma. Tonalidade clara, acidez marcante, jovialidade e frescor estão sempre presentes.

Se tomados durante as refeições, raramente atingem posturas gastronômicas. São produzidos em grandes quantidades a partir de uvas neutras sem distinção. Seu teor alcoólico é baixo, em torno de 9% a 12%.

São exemplos desse tipo de vinho: os italianos Soave, Verdicchio, Frascati, Orvieto; baratos da Califórnia; boa parte dos brancos e os verdes comuns de Portugal; Aligoté da Borgonha, Entre-deux-mers, Petit Chablis, Mâcon Blanc, Blanc des Blanc, Silvaner's da Alsácia; Muscadet; a maioria dos brancos espanhóis; os alemães do Reno ou da Mosela; os oriundos de uvas padrão Riesling, Kabinett, Spatleze; Gewurstraminer; os italianos do Friuli.

Esses vinhos, servidos gelados – a temperaturas de 6 °C a 8 °C –, sofrem um choque térmico quando colocados num copo que se encontra, regra geral, em temperatura muito superior.

O próprio ambiente ajuda a aquecer o vinho, portanto, quanto menor for o volume de bebida no bojo do copo, menor a oportunidade de aquecimento.

As temperaturas mais baixas acentuam o aroma frutado do vinho, porém o resfriamento exagerado causa a anestesia das papilas gustativas, mascarando o vinho.

COPO Nº 1

O copo nº 1, de tamanho pequeno e diâmetro médio de borda, é ideal para vinhos brancos leves e secos, que revelam seus aromas primários e secundários tão logo abertos, pois seus tênues aromas não necessitam de tanto espaço para se expandir e se fazer sentir em sua plenitude.

FICHA TÉCNICA: COPO Nº 1 PARA VINHO BRANCO SECO LEVE SEM AROMA DEFINIDO	
Modelo	Copo nº 1
Altura da haste	7 cm
Altura do bojo	11 cm
Altura total	18 cm
Diâmetro do bojo (+ largo)	7,5 cm
Diâmetro da borda	2,2 cm
Diâmetro da base	7 cm
Espessura do cristal	1 mm
Volume total	260 mℓ
Acabamento do copo	liso
Acabamento da borda	facetado
Material: cristal transparente e incolor, com adição de chumbo; feito à mão.	

COPO Nº 1 PARA VINHO BRANCO SECO LEVE
SEM AROMA DEFINIDO

Vinho branco seco encorpado – copo nº 2

Os mais característicos brancos secos desta classe são os franceses, combinação da uva chardonnay com o carvalho barrique.

Com profusão de aromas e sabores, quase sempre fortes, e álcool moderado, é bom companheiro de pratos finos. Apresenta teor alcoólico entre 11% e 14%.

São exemplos desse tipo de vinho: Chardonnay Barrique, Borgonha, Pinot Gris, Gewurstraminer da Alsácia, Graves, Loire, Catalunha, Mersault, Montrachet, bons Crus de Chablis, Hermitage, Chardonnay Barossa da Austrália.

Vinho branco seco aromático frutado de meio corpo – copo nº 2

A Alemanha produz esses vinhos, com graduação alcoólica leve, límpidos na cor. Sua característica é o frescor do aroma de frutas frescas, com um leve toque de doçura.

Podem ser bebidos fora da mesa; para festas são perfeitos e no verão devem ser consumidos bem gelados.

São exemplos desse tipo de vinho: Reno, Mosela, Riesling, Sauvignon Blanc do Loire, Mauvasia, Pinot Grigio e Friuli da Itália, Kabinett, Spatleze, Gewurstraminer da Alsácia, e os recentes da Califórnia.

Copo nº 2

O maior volume do bojo do copo nº 2 foi criado para receber os vinhos brancos secos encorpados, de mais classe, complexos, com substância e amplitude, pois eles precisam de espaço maior para se expor, forçando os aromas para cima. Esse copo concentra a intensidade dos aromas na boca e na língua por meio de um fluxo moderado, maior do que o dos brancos leves anteriores, pois o tipo de vinho nele servido tem sabor mais suave e acidez mais natural – demonstrando suas qualidades quando servidos a temperaturas mais altas, entre 10 °C e 12 °C.

A abertura do diâmetro da borda e a largura do bojo do copo possibilitam a manutenção da temperatura da bebida por mais tempo, permitindo que todas as suas nuances sejam percebidas.

Com relação aos aromáticos, esse copo proporciona experiência semelhante, pois o teor alcoólico desses vinhos é semelhante ao do branco seco encorpado; afinal, o objetivo principal é evidenciar o frescor dos aromas das frutas, geralmente equilibrado, com certo grau de doçura.

FICHA TÉCNICA: COPO Nº 2 PARA VINHO BRANCO SECO ENCORPADO E VINHO BRANCO SECO AROMÁTICO FRUTADO DE MEIO CORPO	
Modelo	Copo nº 2
Altura da haste	8 cm
Altura do bojo	10 cm
Altura total	18 cm
Diâmetro do bojo (+ largo)	7,2 cm
Diâmetro da borda	8,2 cm
Diâmetro da base	7 cm
Espessura do cristal	1 mm
Volume total	300 mℓ
Acabamento do copo	liso
Acabamento da borda	facetado
Material: cristal transparente e incolor, com adição de chumbo; feito à mão.	

COPO Nº 2 PARA VINHO BRANCO SECO
ENCORPADO E VINHO BRANCO SECO AROMÁTICO
FRUTADO DE MEIO CORPO

Vinho rosé – copo nº 3

Dizem que não há prestígio em ser um "meio-termo". Será verdade?

O vinho rosé é feito como se fosse tinto, ou ele é branco com uvas tintas, corado com sua casca, sem ser áspero pelos seus taninos?

O rosado número um da Borgonha, o Marsanay, pode ter aromas de Pinot Noir, uva tinta, assim como o Anjou do Loire, ou os da Alsácia, da Provença. Esses vinhos são alternativos, assemelham-se aos brancos encorpados, ou tintos leves, jovens e frutados. Podem ser tomados à mesa, ou mesmo fora dela. Devem ser consumidos sempre gelados, como os brancos.

É bom lembrar que o Champanhe rosado é um dos mais harmônicos e magníficos de toda a lista dos vinhos finos. Apresenta teor alcoólico entre 10% e 14%.

Vinho tinto seco jovem e fresco – copo nº 3

O Beaujolais inaugurou um estilo de vinho (*vins primeur*, "vinhos precoces") que se firma dia a dia. Jovem, com acidez reduzida e baixos taninos. O teor alcoólico varia de 10% a 12%.

Esses vinhos refletem uma nova tendência da vinicultura mundial. São vinhos frutados, jovens, produzidos para serem bebidos prontos. Devem ser servidos gelados.

Se os vinhos brancos mais sérios invadem o território dos tintos com sua riqueza de sabores, esses tintos também cruzam a fronteira dos brancos.

Produtores de outras regiões estão adotando esse estilo de vinho, como o Pinot Noir da Alsácia, o Novello italiano, o Dolcetto e o Bardolino.

COPO Nº 3

A abertura média da borda desse copo faz com que o vinho flua para a boca num fluxo relativamente grande, fazendo com que todas as sensações sejam estimuladas ao mesmo tempo, pois o grau de acidez e frutuosidade desse tipo de bebida são grandes.

Tem bojo de volume médio, em forma de balão, para manter os aromas primários da uva e seu frescor jovem. Esse copo pode e deve ser menor que o copo para vinhos tintos maduros, para manter um volume e temperatura menores, visto que a temperatura de serviço fica entre 12 °C e 14 °C.

Também é recomendado para os rosés, pois permite atenuar a acidez do vinho feito com uvas tintas, porém branco, colorido com sua casca, possibilitando um fluxo maior do líquido através da borda mais aberta, para vinhos gelados.

Bom copo para vinhos com teor alcoólico entre 10% e 12%, como Beaujolais, Novello, Dolcetto, e também para os rosés com temperatura de serviço entre 6 °C e 8 °C, de que são exemplos o Côte de Provence, Marsanay Rosé da Borgonha, Anjou, Mateus Rosé e Tavel.

FICHA TÉCNICA: COPO Nº 3 PARA VINHO ROSÉ E VINHO TINTO SECO JOVEM E FRESCO	
Modelo	Copo nº 3
Altura da haste	9 cm
Altura do bojo	11 cm
Altura total	20 cm
Diâmetro do bojo (+ largo)	7,7 cm
Diâmetro da borda	6 cm
Diâmetro da base	7,2 cm
Espessura do cristal	1 mm
Volume total	330 mℓ
Acabamento do copo	liso
Acabamento da borda	facetado
Material: cristal transparente e incolor, com adição de chumbo; feito à mão.	

COPO Nº 3 PARA VINHO ROSÉ E
VINHO TINTO SECO JOVEM E FRESCO

Vinho tinto seco comum – copo nº 4

É uma categoria conhecida em todos os países produtores de vinho do mundo. São vinhos misturados cosmeticamente ou cortados, na busca do sabor medianamente suave. Apresentam pouco teor de álcool, para tomar ares delicados em seu aspecto aparente. Não conseguem, entretanto, produzir esse efeito, pois falta-lhes *pedigree* – uma espécie de "botox" da vinificação.

Vinhos tintos comuns são também os vinhos de mesa, *vins de table, vini da tavola, table wine*, ou seja, qualquer vinho não fortalecido abaixo da classificação VQPRD (Vin de Qualité Produit dans une Region Determinée – Classificação da UE). Seu teor alcoólico fica entre 12% e 13%.

Vinho tinto seco semiencorpado por evoluir – copo nº 4

Classificação um tanto estranha em face da importância dos vinhos tintos mais qualificados, como Bordeaux, Borgonha, Rhones, Riojas, os finos Carbenets e Pinot Gris da Califórnia e Austrália, os bons Chiantis clássicos e as melhores garrafeiras portuguesas. Os Cabernets do Chile, da África do Sul e da Nova Zelândia aprimoraram vertiginosamente suas qualidades genéricas, em barris e em garrafas, e, atualmente, se equipararam àqueles.

Beber um Borgonha ou Bordeaux de primeira linha, antecipadamente, antes que ele atinja a condição ideal para consumo, é desperdiçar uma refinada experiência. O teor alcoólico desses vinhos fica entre 12% e 14%.

COPO Nº 4

Como se fosse uma chaminé, o bojo e a borda desse copo conduzem os aromas diretamente ao nariz do degustador.

Por não ter a borda muito larga, a primeira experiência do vinho se fará sentir na ponta da língua, onde será identificado o gosto das frutas. Dessa forma, os vinhos ricos em taninos finos logo perdem seus impactos amargos.

Recomendado para vinhos de teor alcoólico entre 12% e 14%, à temperatura entre 14 °C e 15 °C no serviço.

Esse copo também pode ser aproveitado para vinhos comuns (cosméticos), descritos anteriormente, que vão de carona em seu vácuo. O volume maior de seu bojo permite uma aeração mais intensa quando agitado.

FICHA TÉCNICA: COPO Nº 4 PARA VINHO TINTO SECO COMUM E VINHO TINTO SECO SEMIENCORPADO POR EVOLUIR	
Modelo	Copo nº 4
Altura da haste	9 cm
Altura do bojo	14 cm
Altura total	23 cm
Diâmetro do bojo (+ largo)	9,5 cm
Diâmetro da borda	7,5 cm
Diâmetro da base	8 cm
Espessura do cristal	1 mm
Volume total	580 mℓ
Acabamento do copo	liso
Acabamento da borda	facetado
Material: cristal transparente e incolor, com adição de chumbo, fabricado à mão.	

COPO Nº 4 PARA VINHO TINTO SECO COMUM E VINHO TINTO SECO SEMIENCORPADO POR EVOLUIR

Vinho tinto seco encorpado concentrado – copo nº 5

É um vinho mais escuro, mais forte que os normais, anteriormente citados. Pertencem a essa variedade o Chateneuf du Pape, o Hermitage, os Côtes de Nuits (Grand Crus), os Barolo, os Brunello di Montalcino, o Barbera, o Barbaresco, o Vega Sicilia e os Shiraz australianos, assim como os portugueses do Dão.

Com tonalidade escura, misteriosa, esses vinhos podem ser distintos desde jovens e, quando mais velhos e curtidos, com as cores se alterando, exalam aromas que adentram o campo sutil das percepções. Seu teor alcoólico vai de 12% a 15%.

Vinho tinto seco de safras muito especiais para guarda – copo nº 5

Os melhores exemplos são os Premier Crus da Borgonha, os Crus Classe de Bordeaux, os Riojas Gran Reserva e os Hermitage. Seu teor alcoólico varia entre 10% e 14%.

COPO Nº 5

Por causa da extensa abertura do diâmetro da borda, esse copo possibilita amplo contato do vinho com o ar. Desde que ocupado com a bebida na proporção de apenas 1/3 de seu volume total, seu grande bojo permite, por isso, o transporte do álcool, desdobrando suas características.

Nesse processo, a complexidade e potência do vinho podem se expressar melhor, possibilitando que o buquê se desenvolva em toda sua plenitude. Copo ideal para todos os maturados.

A amplitude do diâmetro da borda desse copo faz com que o vinho flua intensamente para a boca como uma grande corrente, facilitada pelo maior volume do bojo.

Por isso, a acidez e os estímulos frutados desse tipo de vinho tinto estimulam as áreas adequadas da boca e da língua, promovendo inicialmente reações sensoriais que evidenciam a qualidade e intensidade dos taninos. A temperatura de serviço ideal varia entre 16 °C e 18 °C.

FICHA TÉCNICA: COPO Nº 5 PARA VINHO TINTO SECO ENCORPADO CONCENTRADO E VINHO TINTO SECO DE SAFRAS MUITO ESPECIAIS PARA GUARDA	
Modelo	Copo nº 5
Altura da haste	9 cm
Altura do bojo	13 cm
Altura total	22 cm
Diâmetro do bojo (+ largo)	10,5 cm
Diâmetro da borda	7 cm
Diâmetro da base	8 cm
Espessura do cristal	1 mm
Volume total	630 mℓ
Acabamento do copo	liso
Acabamento da borda	facetado
Material: cristal transparente e incolor, com adição de chumbo, feito à mão.	

COPO Nº 5 PARA VINHO TINTO SECO ENCORPADO CONCENTRADO E VINHO TINTO SECO DE SAFRAS MUITO ESPECIAIS PARA GUARDA

Vinhos doces naturais – copo nº 6

Os vinhos doces naturais são ideais para serem sorvidos aos poucos. Esse tipo de vinho encorpado flui pela língua, moderadamente, emanando seu extremo aroma e rico sabor, mantendo sua fantástica doçura. Trata-se de um gênero muito limitado, com teor alcoólico entre 9% e 15%.

Regra geral, fica para o fim das refeições, acompanhado de doces ou combinado com algumas frutas frescas ou secas. No entanto, em Bordeaux consome-se Sauterne com fígado de ganso como entrada; "coisa dos deuses", dizem os aficionados.

O pequeno tamanho do copo que lhe corresponde é apropriado para servi-lo em quantidade reduzida. É o copo ideal para Sauterne, Late Harvest, Tokay, Moscatel de Málaga, Trockenbeerenauslese, Barsac, Vin Santo, Passito, Vin de Paille e Eiswein, todos com teor alcoólico entre 9% e 15%. O tamanho do bojo permite manter por longo tempo o vinho na temperatura gelada entre 6 °C e 8 °C no serviço para os brancos, e 12 °C para os tintos muito concentrados.

FICHA TÉCNICA: COPO Nº 6 PARA VINHOS DOCES NATURAIS	
Modelo	Copo nº 6
Altura da haste	10 cm
Altura do bojo	7 cm
Altura total	17 cm
Diâmetro do bojo (+ largo)	7 cm
Diâmetro da borda	6 cm
Diâmetro da base	7 cm
Espessura do cristal	1 mm
Volume total	180 mℓ
Acabamento do copo	decorado
Acabamento da borda	facetado
Material: cristal transparente e incolor, com adição de chumbo; feito e gravado à mão.	

COPO Nº 6 PARA VINHOS DOCES NATURAIS

Copos e vinhos hoje

Uma vez apresentados esses seis copos, cabe lembrar que, nos dias atuais, vivemos uma revolução nos costumes, e que essas mudanças afetam até nosso paladar, acarretando a relativização das regras para vinho e comida. Existem, sim, muitos vinhos e copos possíveis para qualquer ocasião.

A escolha do copo exige atenção cuidadosa das linhas mestras gerais das tradições, experiências e preferências individuais, sobretudo de requinte e bom gosto. Entretanto, é importante ter em vista que os vinhos e os copos já não têm as mesmas características de cinquenta anos atrás, e que também os alimentos e os métodos culinários se alteraram.

Determinados vinhos são melhores que outros com determinados alimentos. Em contrapartida, alguns alimentos são melhorados com determinados vinhos, do mesmo modo que certos vinhos podem ser mais bem apreciados em determinados copos.

Algumas culturas ocidentais mediterrâneas cultivam essa complexa relação de interdependência por meio do estabelecimento de uma sequência de pratos que ordenam os vinhos, que por sua vez ordenam os copos, que, por fim, ordenam o serviço da boa mesa.

A harmonização de bebidas e alimentos pode estar sujeita a critérios, tradições, regiões, etnias, técnicas e sazonalidades muito variadas, que fazem parte de uma cultura específica e que não podem ser desprezadas.

Com o decorrer do tempo, chegamos à conclusão de que pouco sabemos, e passamos a crer firmemente que agora estamos falhando ainda melhor, e que os erros e a boa leitura são alguns dos caminhos para a busca do aprendizado nessa vasta área.

Cuidados com os copos

Os copos de qualidade geralmente são feitos do mais puro cristal; portanto, é necessário atentar para alguns cuidados. Sua superfície é mais fina, mais porosa que a do vidro comum, o que é mais vantajoso para transportar os aromas; mas é também mais macia, delicada e fácil de riscar, além de absorver odores externos, como o do papelão das caixas ou da madeira das cristaleiras. Para verificar e corrigir esse problema, basta cheirar discretamente o copo antes de usá-lo, sobretudo quando não manuseados frequentemente, higienizando-os em seguida, se for o caso.

Não tema lavar os copos com as mãos. Dependendo do grau de gordura que apresentarem em sua superfície, utilize mais ou menos detergente neutro em água morna e enxágue-os abundantemente em água corrente. Para que fiquem ainda mais brilhantes, segure os copos sobre o vapor de água quente antes de poli-los.

A melhor maneira de secá-los é com um pano de prato que não tenha sido lavado na máquina e enxaguado com amaciante. O problema implicado no uso do amaciante é que esse produto deixa um resíduo gorduroso que impede a formação das bolhas de Champanhe e de cerveja.

Ao limpar o copo, use toalhas e as duas mãos: uma segura o bojo, delicadamente, e a outra limpa.

Sempre que possível, deve-se evitar segurar o copo pela haste, pois isso aumenta o risco de quebrá-lo.

Spirit digest

Uma definição satisfatória para o termo *spirit* pode ser encontrada no *Dicionário de whisky*, de Bento Luiz de Almeida Prado:

> **Espírito.** Álcool. Bebida alcoólica. O *spiritus rectificatus* da farmacopeia britânica é uma mistura de álcool etílico e água na proporção de 90 para 10. O termo define também quatro álcoois diluídos como padrão, contendo respectivamente 70, 60, 45 e 20% de álcool etílico por volume. De acordo com o Spirit Act publicado na Grã-Bretanha em 1880, *spirit* significa espírito de qualquer bebida que contenha álcool. O Spirit Act define também *plain spirit* (espírito simples) como *british spirit*, com exceção dos *low wines* (vinhos), os *feints* (rabos) e os *spirit of wine*, espíritos de vinho como espíritos retificados com força não inferior a 43 graus *overproof* 143 graus *proof*, ou seja, 73,36% de álcool por peso ou 81,59 por volume.
>
> A palavra *spirit* não é popular nos Estados Unidos; todavia, tem o mesmo siginificado e oficialmente se define como um destilado alcoólico com graduação acima de 190 graus *proof*. Destilados alcoólicos de graduação inferior são considerados como whisky,

com a obrigatoriedade de identificação da graduação alcoólica e tipo de whisky em rótulo próprio.[10]

A seguir oferecemos, para orientação do leitor, uma tabela contendo a descrição abreviada de vários *spirits*.

[10] Bento Luiz de Almeida Prado, *Diconário de whisky* (São Paulo: Mestre Jou, 1975).

NOME	ORIGEM	PROOF*	GRAUS/º
Absinto	Licor verde, alcoólico, do óleo de Absinto (planta herbácea), anis e outros aromáticos. O Absinto é proibido por lei, mas há substitutos legais que podem ser utilizados.	96-120	48-60
Álcool (*Spiritus vini rectificatus*)	É obtido pela destilação de açúcar fermentado ou outra substância com carboidrato. A porcentagem de força (vigor) é 92,3% por peso ou 94, 9% por volume. Servido à temperatura ambiente.		
Amerpicon	Aperitivo francês amargo, feito com quinino, temperos e aromáticos.	78	39
Anis ou anisete	Licor incolor, doce, feito de anis.	60	30
Aperol	Aperitivo amargo com aroma e cor de laranja.	22	11
Aquavita (aguardente scandinava sabor de alcaravia)	Licor feito do extrato, obtido por infusão, de centeio e alcaravia.	90-115	45-58
Arak	Bebida destilada transparente, com sabor de anis, produzida no Líbano, Síria, Jordânia e Iraque.	90	45
Armagnac	Espírito destilado de uva exclusivamente de vinho do departamento de Gers, na França.	80	40
Asbach	O mais famoso Brandy alemão.	90-115	45-48
Bacardi	Conhecida marca de Rum.	89-97	45-48
Benedictine	Licor francês, doce, feito de Conhaque, açúcar e várias ervas aromáticas.	86	43
Bitters e amargos	Angostura amarga, uma mistura aromática de preparação de genciana e variedades de vegetais e ervas, corante de vegetal, digestiva.	90	45

*Proof: medida inglesa de porcentagem de álcool presente em uma bebida. 100° proof equivalem, aproximadamente, a 50° na escala Gay-Lussac.

(cont.)

NOME	ORIGEM	PROOF	GRAUS/º
Blended whisky	Scotch whiskies misturados para envelhecer, por pelo menos, três anos.	80	40
Bourbon whisky	Whisky de milho, feito originalmente na cidade de Bourbon, Kentucky.	86	43
Cachaça	Destilado de cana de açúcar, brasileiro, com aroma de aguardente de cana. Existem outros países produtores.	90	45
Calisay	Licor da Catalunha feito de quinino.	66	33
Calvados	Um dos melhores Brandys do mundo, destilado de maçã.	100	50
Campari bitter e amargos	Licor feito de ervas aromáticas e frutas conservadas em álcool.	58	29
Champanhe	Vinho espumante da região de Champagne, na França.	24	12
Chartreuse	Licor de coloração amarela ou verde feito pelos monges cartuxos, que mantêm a fórmula em segredo.	86-110	38-55
Cherry Brandy	Nome genérico para licores de cereja.	80	40
Cidra	Suco extraído de maçãs. Contém 2% a 8% de álcool por volume.		
Clarete	Nome inglês cunhado na Idade Média que define os vinhos tintos de Bordeaux.	24	12
Cointreau	Licor francês, incolor, feito com base de Brandy e fórmula especial de laranja.	80	40
Conhaque (Brandy)	Solução alcoólica produzida pela destilação de suco fermentado de uva madura (armagnac, cognac, eau de vie, grappa, marc, metaxa), contém de 48% a 54% de álcool por volume.	84-90	40-45
Conhaque de maçã	Conhaque destilado de cidra (aguardente de maçã).	86	43
Cordial medoc	Mistura de Brandy e Curaçau	44	22

(cont.)

NOME	ORIGEM	PROOF	GRAUS/º
Corn whisky	Whisky feito de milho (à moda do Velho Oeste).	86	43
Creme de ananás	Licor doce aromatizado com abacaxi.	60	30
Creme de banana	Licor doce aromatizado com banana.	60	30
Creme de baunilha	Licor doce aromatizado com baunilha.	60	30
Creme de cacau	Licor marrom feito de cacau.	60	30
Creme de café	Licor doce aromatizado com café.	60	30
Creme de cassis	Licor doce feito de groselha ou romã.	21-50	11-25
Creme de fraise	Licor doce de morango.	60	30
Creme de framboesa	Licor doce de framboesa ou amora silvestre.	60	30
Creme de menta	Licor doce com hortelã-pimenta e várias variedades de hortelã (geralmente de cor verde).	60	30
Creme de moka	Licor doce aromatizado com café.	60	30
Creme de noyaux	Extrato de frutas que produz um gosto forte de amêndoas.	60	30
Creme de rosa	Licor muito leve feito com pétalas de rosa e outros componentes.	60	30
Creme de rose	Licor doce aromatizado com óleo de pétalas de rosa e baunilha.	60	30
Creme de violette	Licor doce aromatizado com violetas.	60	30
Creme yvette	Licor doce com gosto de violeta.	60	30
Curaçau	Licor feito de casca de laranjas verdes, secas.	60	30
Drambuie	Licor feito de Scotch whisky e mel.	80	30

(cont.)

NOME	ORIGEM	PROOF	GRAUS/º
Dubonnet	Aperitivo francês doce e seco.	34	17
Elixir d´anvers	Mesmo que Goldwasser.	86	43
Falernum	Licor doce feito da destilação do Rum.	86	43
Fernet	Digestivo amargo italiano feito à base de ervas e especiarias.	90	45
Fiori alpini	Licor italiano doce, obtido com o limbo dos Alpes dentro da garrafa.	86	43
Forbidden fruit	Licor doce de grapefruit, mel e laranja introduzido no Brandy.	80	40
Fraise	Destilado de morango.	70	35
Framboise	Licor não adoçado, incolor, destilado do álcool e amora silvestre esmagada.	86	43
Galiano	Licor italiano à base de ervas, especiarias e baunilha.	80	40
Genebra	O mesmo que genever, feita primariamente com vinho de cevada e Gim.	94	47
Gim	Geralmente feito por destilação de grão espremido (bidestilado de zimbro).	94	47
Glayva	Licor escocês feito de whisky com outros aromatizantes.	80	40
Goldwasser	Feito de casca de laranja e ervas picantes, contém partículas de Gold Leaf (ouro em folha), boiando.	80	40
Grand marnier	Licor feito de laranja aromatizado com base de Brandy.	80	40
Grain whisky	Destilado de milho e cevada para ser misturado no malt whisky, para se tornar blended.	86-100	43-50
Grappa	Destilado italiano tosco, de mosto de uva.	80	40
Grenadine groselha	Não alcoólico, xarope vermelho grosso, aromatizado, geralmente feito de romã.	Não alcoólico	

(cont.)

NOME	ORIGEM	PROOF	GRAUS/º
Hespiridina	Aperitivo de baixo teor alcoólico, pode ser feito com laranja ou com limão		
Irish whiskey	Whisky irlandês tridestilado de cevada fermentada crua, trigo, centeio e aveia.	80	41
Kalua	Licor de café de origem mexicana.	54	27
Kirsch	Aquavita de cereja forte, seco, produzido na Floresta Negra (kirsch é termo francês).	90	45
Kirschwasser	Wasser é o termo alemão para indicar a mesma bebida.	90	45
Kirsh	Licor destilado de cereja silvestre, incolor.	96	48
Kümmel	Geralmente, destilado de trigo (cereais) aromatizado com coentro e semente de alcaravia.	86	48
Licor de amora preta	Feito de amora preta, geralmente com adição de vinho tinto.	73	36
Licor de cereja	Feito de cereja preta selvagem e aguardente de uva.	60	30
Licor de damasco	Feito de damasco fresco e aguardente de uva.	60	30
Licor de laranja	Feito de laranja fresca e aguardente de uva.	80	40
Licor de pêssego	Feito de pêssego fresco e aguardente de uva.	60	30
Licor jaune	Imitação do Chartreuse amarelo.	86	48
Licor verte	Imitação do Chartreuse verde.	110	55
Madeira	Vinho produzido nas Ilhas da Madeira.	40	20
Málaga	Vinho produzido na região de mesmo nome.		
Mandarine	Licor doce feito de casca seca de tangerina.	80	40
Maraschino	Feito do suco fermentado de marasca (cereja amarga).	60	30

(cont.)

NOME	ORIGEM	PROOF	GRAUS/º
Marc	Brandy francês feito com casca de uva.	90	45
Marsala	Vinho italiano fortificado e enriquecido, produzido na Sicília.	36	18
Mirabelle	Destilação de ameixa fermentada.	90	45
Monastique	Imitação de Benedictine feito na América do Sul.	86	43
Orgeat	Xarope aromatizado, preparado com emulsão de amêndoa.		
Ouzo	Irmão grego do Absinto.	80	40
Parfait amour	Licor doce, destilado de cidra e casca de limão.	60	30
Passionola	Xarope grosso feito de maracujá, não alcoólico. Fabricado em três cores: vermelho, verde ou natural.		
Pastis	Alternativa para Pernod, é parecido com Absinto; bebido misturado com água.	60	45
Pernod	Substituto original do Absinto.	90	45
Perry	Cidra feita de pera que contém entre 2% e 8% de álcool.		
Pimm's	Gim peculiar inglês.	62	31,50
Pisco	Destilado de uva peruana.	90	45
Poire	Eau de vie feita de pera.	90	45
Porto	Vinho enriquecido de Portugal, fabricado na região de mesmo nome.	34	17
Prunelle	Licor feito de ameixa fresca e aguardente de uva (eau de vie feita de pera).		
Pulque	No México, bebida fermentada feita do suco de piteira (ágave).		

(cont.)

NOME	ORIGEM	PROOF	GRAUS/º
Punt e mes	Aperitivo italiano, meio doce, meio amargo, da marca Carpano.	34	17
Quetsche	Licor destilado do suco fermentado de ameixa seca, não adoçado, incolor.	80	40
Rum	Feito pela destilação de cana-de-açúcar ou melaço. Contém entre 45% e 50% de álcool por volume.	89-97	
Rye whisky	Whisky americano feito de centeio, milho e cevada.	90	45
Sambuca	Feita com a infusão de semente seca de anis-estrelado.	40	20
Saquê	Fermentado alcoólico de arroz japonês.	28	14
Schnapps	Termo genérico para qualquer Brandy transparente, destilado de frutas fermentadas, na Alemanha, ou ainda destilado de zimbro.	94	47
Scotch whisky ou single	Whisky feito na Escócia, com cereais de cevada.	80	40
Sloe Gim	Feito de Gim encharcado em abrunhos (tipo de ameixa).	60-70	30-35
Southern Comfort	Licor de Bourbon com sabor de pêssego, produzido em St. Louis, Missouri.	100	50
Straight whisky ou single	Whisky puro de cevada e centeio, sem mistura alguma.	80	40
Strega	Licor italiano doce, à base de ervas, como hortelã, erva-doce e açafrão, com gosto de laranja, de cor amarela.	86	48
Sweedisch	Mesmo que arak, mas aromatizado com extratos de limão, etc.	52	26
Tequila	Drinque oficial do México, destilado do mescal ou da ágave.	80	40

(cont.)

NOME	ORIGEM	PROOF	GRAUS/º
Tequila ou mescal	Destilação do pulque.	90	45
Tia Maria	Licor de café à base de álcool de cana, baunilha e açúcar.	60	30
Triple sec	Mesmo que Curaçau, mas de cor branca.	80	40
Van der hum	Licor feito de ervas, especiarias, sementes e cascas de plantas da África do Sul, adoçado com glucose e xarope de açúcar de cana, e aromatizado com tangerina.	77	77
Vermute	Vinho adicionado de destilado para aumentar o teor alcoólico, à base de ervas aromáticas.	36	18
Vieille cure	Licor doce feito de plantas aromáticas.	80	40
Vodca	Destilado neutro feito de cereais e tubérculos.	90-115	45-59
Xerez	Vinho enriquecido muito seco, produzido na região de Jerez de La Frontera, Espanha.	36	18

Receitas de drinques e seus respectivos copos

Copo tumbler ou unfooted (sem pé)

AQUAVITA OU VODCA

Bebida pura

Características

Volume: .... Curto
Preparo: .... Puro
Temperatura: .... Gelada ou natural
Base: .... Bebida pura
Cor: .... Transparente
Sabor: .... Seco
Aroma: .... Neutro

Ingrediente

base

Utensílios

1 copo aquavita
1 dosador de 50 mℓ

Preparo

Servir pura.

Planter's Punch

Características

Volume: .... Longo
Preparo: .... Batido
Temperatura: .... Gelada
Base: .... Rum
Cor: .... Multicolor
Sabor: .... Frutas frescas
Aroma: .... Frutas frescas

Ingredientes

1 dose de Rum escuro ou claro
suco de 1/2 limão ou lima, coado
açúcar ou xarope, a gosto
gelo em cubos
1 rodela de laranja
1 casquinha de limão sem o branco interno da casca
1 gota de Angostura
1 golpe de Grenadine
club soda ou água com gás

Utensílios

1 copo collins
1 coqueteleira
1 coador
1 colher misturadora
1 balde para gelo
1 pinça para gelo
1 dosador de 50 mℓ

Preparo

1. Bater na coqueteleira com um pouco de gelo, o Rum, o suco de limão e o açúcar.
2. Completar o copo com metade da capacidade do gelo.
3. Acrescentar ao copo a bebida já batida.
4. Decorar com a rodela de laranja e a casquinha de limão.
5. Adicionar 1 gota de Angostura.
6. Acrescentar 1 golpe de Grenadine.
7. Juntar o club soda.
8. Servir completando o gelo acima da borda.

Segredo da coquetelaria

- Nos drinques longos, tenha o cuidado de nunca deixar o gelo boiando.

Copo tumbler ou unfooted (sem pé)

COLLINS OU TALL

Tom Collins

Características

Volume: .... Longo
Preparo: .... Batido
Temperatura: .... Gelada
Base: .... Gim
Cor: .... Verde-clara
Sabor: .... Seco
Aroma: .... Frutas cítricas

Ingredientes

gelo em cubos
suco de 1 limão
açúcar ou xarope de açúcar, a gosto
1 dose de Gim
1 cereja
1 casquinha de limão sem o branco interno da casca
club soda sem gelo

Utensílios

1 copo collins
1 dosador de 50 mℓ
1 coqueteleira
1 palito de plástico
1 coador
1 balde para gelo
1 pinça para gelo

Preparo

1. Colocar 3 cubos de gelo na coqueteleira.
2. Acrescentar o suco de limão já coado.
3. Adicionar o açúcar ou xarope, a gosto, e bater vigorosamente.
4. Preencher 3/4 do copo com cubos de gelo.
5. Verter o Gim no copo e, logo após, o conteúdo da coqueteleira.
6. Espetar a cereja e a casquinha de limão no palito de plástico e guarnecer.
7. Completar com club soda sem gelo.
8. Completar com gelo acima da borda e servir.

Segredo da coquetelaria

- Club soda sem gelo produz um fizz mais acentuado. Nunca deixar o gelo boiar no copo.

Copo tumbler ou unfooted (sem pé)

CUP

Ponche

Características

Volume: .... Curto
Preparo: .... Mexido
Temperatura: .... Gelada
Base: .... Vinho
Cor: .... Multicolor
Sabor: .... Frutas
Aroma: .... Frutas

Ingredientes

2 1/2 garrafas de vinho tinto da Borgonha ou equivalente
1 copo de Porto
1 copode Sherry Brandy
1 copo de suco de laranja
1/2 copo de suco de limão
1 colher de sopa de açúcar ou xarope de açúcar
rodelas de laranja
club soda opcional

Utensílios

1 cup ou xícara com alça grande
1 bowl ou tigela
1 bloco grande de gelo
1 concha apropriada para tigela de vidro ou cristal

Preparo

1. Encher uma cuba ou tigela com água filtrada, a ser transformada em gelo. Colocar no congelador até que se solidifique.
2. Desenformar e colocar na tigela.
3. Acrescentar 2 1/2 garrafas de vinho tinto da Borgonha ou equivalente, o Porto e o Sherry Brandy.
4. Juntar 1 xícara de suco de laranja coado.
5. Adicionar 1/2 xícara de suco de limão.
6. Adicionar 1 colher de açúcar ou xarope de açúcar.
7. Acrescentar as rodelas de laranja.
8. Acrescentar 1 garrafa de club soda.
9. Reservar e servir na hora com a concha, ou mergulhar a xícara na tigela.

Daiquiri

Características

Volume: .... Curto
Preparo: .... Batido
Temperatura: .... Gelada
Base: .... Rum branco
Cor: .... Verde-limão
Sabor: .... Doce
Aroma: .... Limão e Rum

Ingredientes

gelo picado
2 partes de Rum claro
1 parte de suco de lima ou limão
açúcar a gosto ou xarope de açúcar
1 cereja

Utensílios

1 copo delmônico
1 coqueteleira
1 balde para gelo
1 palito de plástico
1 pinça para gelo
1 dosador de 50 mℓ

Preparo

1. Colocar o gelo na coqueteleira.
2. Acrescentar a dose de Rum.
3. Adicionar o suco de limão ou lima e o açúcar.
4. Bater vigorosamente.
5. Verter a bebida no copo.
6. Guarnecer com a cereja espetada no palito de plástico.

Segredo da coquetelaria

- Formar a crusta na borda do copo, conforme indicado em "Crusta" no capítulo "Coquetelaria".

Copo tumbler ou unfooted (sem pé)

DELMÔNICO OU SOUR

Whisky Sour

Características

Volume: .... Curto
Preparo: .... Batido
Temperatura: .... Gelada
Base: .... Whisky
Cor: .... Dourada-fosca
Sabor: .... Seco
Aroma: .... Caramelo com frutas frescas

Ingredientes

açúcar a gosto, ou xarope de açúcar
1 dose de Bourbon ou Canadian
suco de 1 limão
1 cereja
gelo em cubos

Utensílios

1 copo delmônico
1 coqueteleira
1 balde para gelo
1 pinça para gelo
1 palito de plástico
1 dosador de 50 mℓ

Preparo

1. Colocar o gelo na coqueteleira.
2. Juntar açúcar, a gosto.
3. Acrescentar a dose de whisky, Bourbon ou Canadian.
4. Adicionar o suco de limão.
5. Bater vigorosamente.
6. Verter a bebida no copo.
7. Guarnecer com a cereja espetada no palito de plástico.

Segredo da coquetelaria

- Formar a crusta na borda do copo, conforme indicado em "Crusta" no capítulo "Coquetelaria".

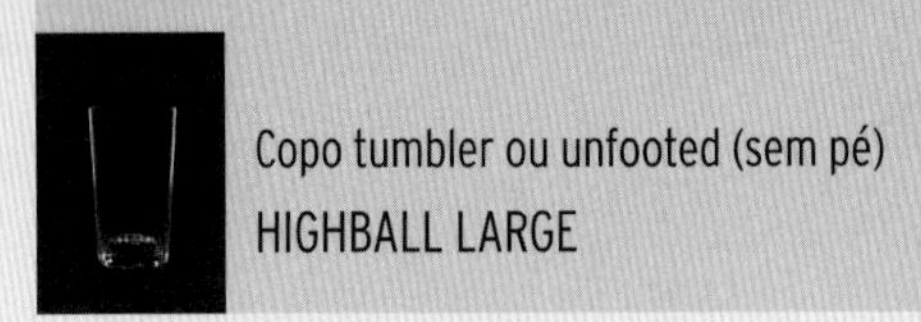

Gim-tônica

Características

Volume: .... Longo
Preparo: .... Montado
Temperatura: .... Gelada
Base: .... Gim
Cor: .... Transparente-verdeal
Sabor: .... Especiarias
Aroma: .... Especiarias acentuado

Ingredientes

gelo em cubos
rodela de limão
1 dose de Gim
água tônica sem gelo

Utensílios

1 copo highball large
1 balde para gelo
1 pinça para gelo
1 dosador de 50 mℓ

Preparo

1. Preencher todo o espaço do copo com gelo, deixando apenas uma sobra de, aproximadamente, um dedo até a borda do copo.
2. Simultaneamente, acomodar a rodela do limão com a face encostada na parede interna do bojo do copo.
3. Acrescentar o Gim.
4. Completar com água tônica sem gelo.

Segredos da coquetelaria

- Quando o drinque estiver pronto, o gelo subirá em relação ao nível anterior. Completar o gelo novamente.
- A água tônica sem gelo propicia um fizz mais intenso, quando colocada a média altura do copo, fazendo-o suar.
- Essa é a mais simples e mais perfumada das misturas alcoólicas.

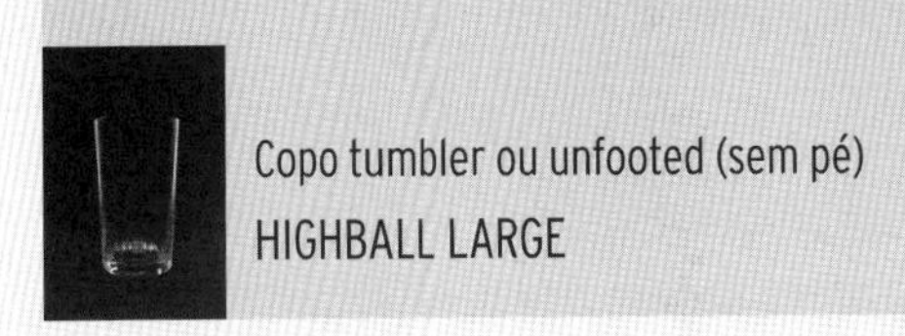

Horse Neck

Características

Volume: .... Longo
Preparo: .... Montado
Temperatura: .... Gelada
Base: .... Bourbon ou Canadian
Cor: .... Dourada
Sabor: .... Seco
Aroma: .... Laranja

Ingredientes

anéis de casca de 1/4 de laranja
gelo em cubos
1 dose de Bourbon ou Canadian
ginger ale
2 gotas de Orange Bitter ou Angostura

Utensílios

1 copo highball large
1 balde para gelo
1 pinça para gelo
1 dosador de 50 mℓ
1 faca de bom corte

Preparo

1. Descascar 1/4 de laranja em anéis, sem rompê-la.
2. Enrolar a casca dentro do copo vazio.
3. Encher 3/4 do volume do copo com cubos de gelo.
4. Colocar 1 dose de Bourbon ou Canadian.
5. Completar com o ginger ale.
6. Adicionar algumas gotas de Orange Bitter ou Angostura.

Segredo da coquetelaria

- No Brasil, raramente se encontra ginger ale. Substituir por guaraná.

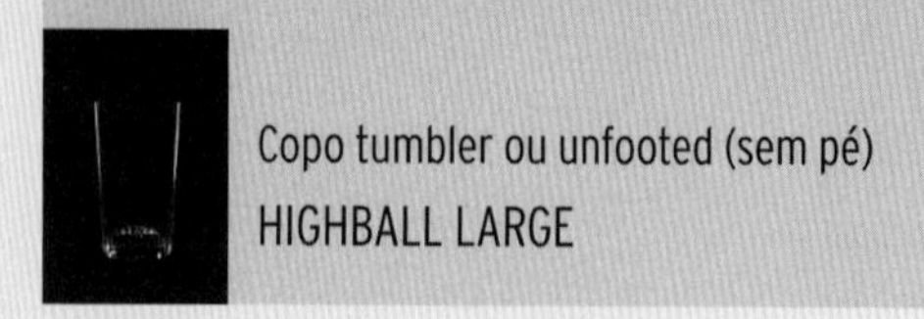
Copo tumbler ou unfooted (sem pé)
HIGHBALL LARGE

Whisky & Soda

Características

Volume: .... Longo
Preparo: .... Montado
Temperatura: .... Gelada
Base: .... Whisky
Cor: .... Dourada
Sabor: .... Seco
Aroma: .... Caramelo

Ingredientes

gelo em cubos
1 dose de Scotch whisky
club soda

Utensílios

1 copo highball large
1 balde para gelo
1 pinça para gelo
1 dosador de 50 mℓ

Preparo

1. Colocar cubos de gelo no copo, a gosto.
2. Verter a dose de Scotch.
3. Completar com club soda.

Copo tumbler ou unfooted (sem pé)

HIGHBALL SMALL

Batida de Cachaça com Limão

Características

Volume: .... Longo
Preparo: .... Batido
Temperatura: .... Gelada
Base: .... Cachaça
Cor: .... Verde-clara
Sabor: .... Adocicado
Aroma: .... Frutas frescas cítricas

Ingredientes

1 limão-galego ou taiti
açúcar ou xarope, a gosto
gelo em cubos
1 dose de cachaça branca
1 gota de Gim
gelo picado

Utensílios

1 copo higball small
1 coqueteleira
1 amassador ou soquete
1 coador
1 faca com bom corte
1 pinça para gelo
1 balde para gelo
1 dosador de 50 mℓ
1 tábua para corte

Preparo

1. Eliminar metade da casca do limão.
2. Separar o miolo para não amargar e descartar os caroços.
3. Cortar a polpa em cubos ou rodelas.
4. Colocar açúcar ou xarope na coqueteleira.
5. Acrescentar o limão e macerar suavemente.
6. Colocar um pouco de gelo.
7. Acrescentar a cachaça e bater vigorosamente.
8. Servir coado no copo já cheio de gelo.

Segredo da coquetelaria

- Finalizar com pequenos splashes de Gim que vão perfumar e secar a batida.

Copo tumbler ou unfooted (sem pé)

HIGHBALL SMALL

Batida de Pitanga

Características

Volume: .... Longo
Preparo: .... Batido
Temperatura: .... Gelada
Base: .... Vodca ou cachaça
Cor: .... Vermelha alaranjada
Sabor: .... Pitanga
Aroma: .... Frutas frescas

Ingredientes

açúcar ou xarope, a gosto
pitangas frescas sem caroço ou polpa congelada
gelo quebrado
1 dose de Vodca ou de cachaça
gelo em cubos

Utensílios

1 copo higball small
1 amassador ou soquete
1 colher misturadora
1 balde para gelo
1 pinça para gelo
1 dosador de 50 mℓ
1 coqueteleira

Preparo

1. Colocar o açúcar na coqueteleira.
2. Adicionar as pitangas na coqueteleira.
3. Amassar delicadamente com soquete, até obter um caldo cremoso, consistente.
4. Colocar bastante gelo quebrado e acrescentar a Vodca ou a cachaça.
5. Bater vigorosamente e coar no copo.
6. Completar com gelo em cubos.

Tequila Sunrise

Características

Volume: .... Longo
Preparo: .... Montado
Temperatura: .... Gelada
Base: .... Tequila
Cor: .... Colorida
Sabor: .... Seco
Aroma: .... Frutas

Ingredientes

quantidades iguais de gelo em cubos e quebrado
suco de laranja
1 colher de chá de mel
1 dose de Tequila
4 gotas de Grenadine

Utensílios

1 copo higball small
1 pinça para gelo
1 balde para gelo
1 dosador de 50 mℓ

Preparo

1. Encher o copo com gelo em cubos e quebrado.
2. Acrescentar pela ordem, tendo cuidado para não misturar os elementos do drinque, o suco de laranja, o mel e a Tequila.
3. Por último, adicionar as gotas de Grenadine. Naturalmente, os ingredientes se acomodarão de acordo com sua densidade.

Segredo da coquetelaria

- No princípio, em face da técnica do preparo, que procura não misturar os ingredientes, surgem como resultado inicial cores diferentes. Com o correr do tempo, os elementos se misturam, criando uma segunda coloração.

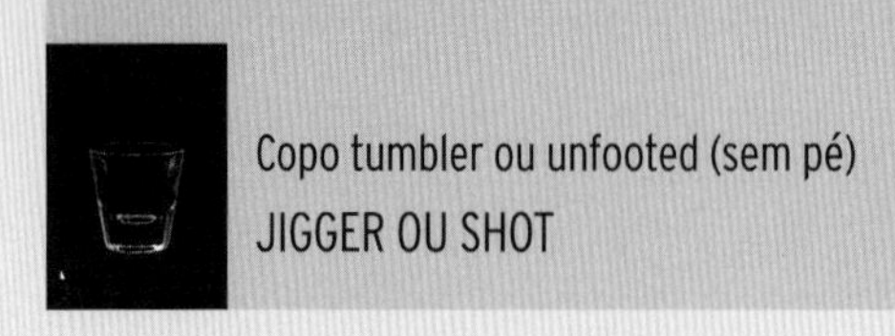

Cachaça

Características

Volume: .... Curto
Preparo: .... Puro
Temperatura: .... Natural
Base: .... Cachaça
Cor: .... Branca
Sabor: .... Doce seco
Aroma: .... Vegetal de cana

Ingrediente

1 dose de 50 mℓ de cachaça

Utensílios

1 dosador de 50 mℓ
1 copo jigger

Preparo

Servir pura.

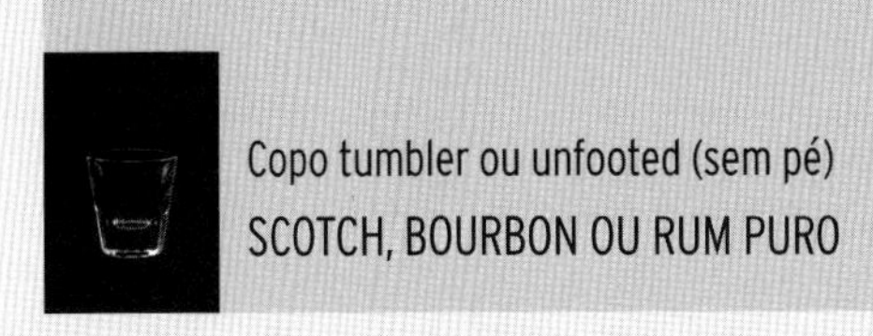

Copo tumbler ou unfooted (sem pé)

SCOTCH, BOURBON OU RUM PURO

Características

Volume: .... Curto
Preparo: .... Puro
Temperatura: .... Natural
Base: .... Scotch, Bourbon ou Rum
Cor: .... Dourada
Sabor: .... Seco
Aroma: .... Caramelo

Ingrediente

1 dose de Scotch, Bourbon ou Rum

Utensílios

1 copo jigger
1 dosador de 50 mℓ

Preparo

Servir puro e sem gelo (neat).

Caipirinha de Limão

Características

Volume: .... Longo
Preparo: .... Montado
Temperatura: .... Gelada
Base: .... Cachaça
Cor: .... Verde-clara
Sabor: .... Doce
Aroma: .... Perfume característico de cachaça com frutas frescas

Ingredientes

3/4 de limão-galego, taiti ou siciliano
açúcar a gosto
1 dose de cachaça branca
gelo em cubos
1 rodela de limão

Utensílios

1 copo old fashioned
1 soquete ou amassador
1 faca com bom corte
1 tábua para apoio no corte
1 colher misturadora de bar
1 balde para gelo
1 pinça para gelo
1 dosador de 50 mℓ

Preparo

1. Sobre a tábua, cortar as duas extremidades do limão, tirando as tampas, e separar uma rodela para a guarnição.
2. Cortar e separar o miolo para não amargar o drinque.
3. Descartar as sementes.
4. Cortar o que sobrou em pedaços pequenos.
5. Colocar açúcar no copo, a gosto.
6. Juntar o limão cortado.
7. Macerar o limão com o soquete.
8. Acrescentar 1/2 dose de cachaça.
9. Com a colher de bar, misturar todos os ingredientes.
10. Colocar o gelo em cubos.

11. Completar com a dose restante de cachaça.
12. Misturar novamente.
13. Guarnecer com a rodela de limão.

Segredos da coquetelaria

- A mais brasileira das bebidas, após muitas polêmicas na área, teve o seu valor reconhecido em todo o mundo e recentemente passou a constar na lista dos cinquenta drinques mais consumidos no planeta, eleitos pela Associação Internacional de Bartenders (IBA).
- Tirar as tampas do limão facilita o corte e diminui o teor do ácido cítrico, deixando o drinque mais suave. Para melhor resultado, metade do limão deve ficar sem casca.
- Servir sem canudinho.

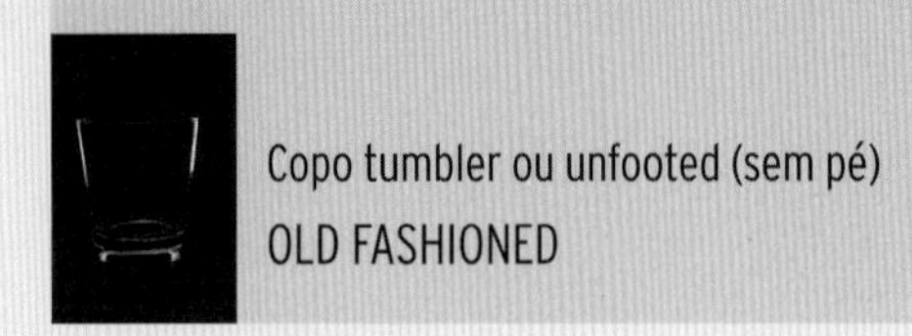

Negroni

Características

Volume: .... Longo
Preparo: .... Montado
Temperatura: .... Gelada
Base: .... Gim, Vermute e Campari
Cor: .... Tricolor
Sabor: .... Seco
Aroma: .... Especiarias

Ingredientes

gelo em cubos
1/2 rodela de laranja, cortada fino
1 parte de Campari
1 parte de Gim
1 parte de Vermute tinto clássico

Utensílios

1 copo old fashioned
1 pinça para gelo
1 balde para gelo
1 dosador de 50 mℓ

Preparo

1. Colocar gelo no copo, a gosto.
2. Juntar à guarnição, a 1/2 rodela de laranja.
3. Colocar, pela ordem, o Campari e o Gim, finalizando com o Vermute tinto, tomando cuidado para não misturar os ingredientes que, por sua densidade, naturalmente permanecerão separados em três tonalidades diferentes.

Segredos da coquetelaria

- Não confundir Vermute tinto clássico da marca Cárpano com Punt e Mes, que é um aperitivo da casa Carpano.
- Já em 1966, brincava Luiz Lopes Coelho, advogado, escritor brasileiro de contos policiais, intelectual e também ligado às artes: "Há quem diga que uma das glórias da vida é tomar esse drinque ao meio-dia, em boa companhia, na Piazza San Marco, em Veneza".

Old Fashioned

Características

Volume: .... Longo
Preparo: .... Montado
Temperatura: .... Gelada
Base: .... Bourbon, Canadian ou Tennessee
Cor: .... Dourada
Sabor: .... Seco
Aroma: .... Caramelo e frutas

Ingredientes

1 fatia de maçã cortada em meia-lua
1 cereja em calda
gelo em cubos
açúcar ou xarope
1 dose de Bourbon, Canadian ou Tenessee
3 gotas de Orange Bitter ou Angostura
1 rodela de laranja cortada em meia-lua
gelo quebrado
club soda ou água com gás

Utensílios

1 copo old fashioned
1 haste ou colher misturadora
1 pinça para gelo
1 palito de plástico longo
1 balde para gelo
1 faca com bom corte
1 colher de bar
1 dosador de 50 mℓ
1 tábua para corte
1 soquete para quebrar gelo

Preparo

1. Montar a guarnição no palito de plástico (fatia da maçã, cereja) e reservar.
2. Encher 3/4 do volume do copo com cubos de gelo.
3. Acrescentar açúcar ou xarope.
4. Completar com Bourbon ou outro similar.
5. Colocar a guarnição já montada.

6. Acrescentar o bitter.
7. Finalizar a decoração com a meia rodela de laranja em uma face do copo.
8. Completar o vazio do copo com gelo quebrado.
9. Por último, um dash de soda ou água com gás.

Segredos da coquetelaria

- Existem receitas em que inicialmente se mistura o xarope ou açúcar com os amargos ou bitters, espalhando essa pasta pelo interior do copo, observando, daí para a frente, as demais etapas.
- Destilado de milho no Kentucky é Bourbon; no Tennessee, é Tennessee.

Copo tumbler ou unfooted (sem pé)

ON THE ROCKS

Gim on the Rocks

Características

Volume: .... Curto
Preparo: .... Montado
Temperatura: .... Gelada
Base: .... Gim
Cor: .... Branca-verdeal
Sabor: .... Seco
Aroma: .... Perfumado com especiarias

Ingredientes

gelo em cubos
1 dose de 50 mℓ de Gim
2 gotas de Angostura
1 casquinha de limão sem o branco interno da casca

Utensílios

1 copo on the rocks
1 pinça para gelo
1 balde para gelo
1 dosador de 50 mℓ

Preparo

1. Colocar o gelo no copo, a gosto.
2. Completar com uma dose de Gim e as gotas de Angostura.
3. Guarnecer a gosto.

Segredo da coquetelaria

- Para fazer o Pink Gim, alguns profissionais usam o copo de mistura com muito gelo, algumas gotas de Angostura e uma dose de Gim, misturam completando o drink no copo on the rocks com gelo e o guarnecem com uma azeitona.

Rusty Nail

Características

Volume: .... Curto
Preparo: .... Montado
Temperatura: .... Gelada
Base: .... Scotch com licor
Cor: .... Dourada
Sabor: .... Meio seco e meio doce
Aroma: .... Caramelo e especiarias

Ingredientes

gelo em cubos
3/4 dose de Scotch whisky
1/4 dose de Drambuie
1 casquinha de limão ou laranja, a gosto, sem o branco interno da casca

Utensílios

1 copo on the rocks
1 pinça para gelo
1 balde para gelo
1 dosador 50 mℓ

Preparo

1. Colocar o gelo no copo.
2. Adicionar o Scotch.
3. Acrescentar o Drambuie.
4. Guarnecer com o twist do limão ou laranja.

Copo tumbler ou unfooted (sem pé)

ON THE ROCKS

Scotch on the Rocks

Características

Volume: .... Curto
Preparo: .... Montado
Temperatura: .... Gelada
Base: .... Scotch
Cor: .... Dourada
Sabor: .... Seco
Aroma: .... Caramelo

Ingredientes

gelo em cubos
1 dose de Scotch whisky

Utensílios

1 copo on the rocks
1 pinça para gelo
1 balde para gelo
1 dosador de 50 mℓ

Preparo

1. Colocar gelo no copo, a gosto.
2. Completar com uma dose da bebida.

Vodca on the Rocks

Características

Volume: .... Curto
Preparo: .... Montado
Temperatura: .... Gelada
Base: .... Vodca
Cor: .... Branca-verdeal
Sabor: .... Seco
Aroma: .... Fruta fresca

Ingredientes

gelo em cubos
1 dose de 50 mℓ de Vodca
1 casquinha de limão sem o branco interno da casca

Utensílios

1 copo on the rocks
1 pinça para gelo
1 balde para gelo
1 dosador de 50 mℓ

Preparo

1. Colocar o gelo no copo, a gosto.
2. Completar com a dose de Vodca.
3. Guarnecer com a casca do limão.

Copo tumbler ou unfooted (sem pé)

PITCHER

Suco de Tomate Temperado

(Serve 3 ou mais pessoas)

Características

Volume: .... Longo
Preparo: .... Mexido
Temperatura: .... Gelada
Base: .... Suco de tomate
Cor: .... Vermelha
Sabor: .... Seco
Aroma: .... Frutas vermelhas e especiarias

Ingredientes

suco de 3 limões coados
3 partes de suco de tomate
2 colheres de bar de sal
4 colheres de bar de molho inglês
gelo em cubos
1 pitada de pimenta-do-reino

Utensílios

1 copo pitcher
1 espremedor
1 coador
1 haste misturadora
1 balde para gelo
1 pinça para gelo

Preparo

1. Colocar o suco de limão e o suco de tomate no pitcher.
2. Temperar com o sal e o molho inglês.
3. Misturar todos os ingredientes na hora de servir.
4. Colocar gelo em copos tipo old fashioned ou tumbler.
5. Servir acrescentando a pitada de pimenta-do-reino.

Copo tumbler ou unfooted (sem pé)

PITCHER

Os mesmos drinques elaborados no copo de mistura: Manhattan, Dry Martini e Gibson, sem adição de gelo

(Serve até 7 pessoas)

Utensílios

1 cocktail glass
1 copo pitcher
1 haste ou colher misturadora
palitos de plástico para guarnição
espaço no congelador ou geladeira de bar, que não transportem aromas para o conteúdo do pitcher

Preparo

1. Separar a guarnição preferida.
2. Gelar o cocktail glass, já com a guarnição, no resfriador escolhido.
3. Colocar, em primeiro lugar, a base, e logo após adicionar os componentes secundários.
4. Misturar suave e delicadamente os ingredientes.
5. Reservar no mesmo ambiente frio até o momento de servir.
6. Retirar o cocktail glass já com o drinque guarnecido.

Segredo da coquetelaria

- Gelar o copo no freezer é uma prática usual adotada por aficionados do drinque curto, e condenada por muitos, pois gela totalmente o copo - base, haste e bojo -, causando seu embaçamento.

Copo tumbler ou unfooted (sem pé)

SILVER MUG

Mint Julep

Características

Volume: .... Longo
Preparo: .... Montado
Temperatura: .... Gelada com crusta
Base: .... Bourbon
Cor: .... Verde
Sabor: .... Seco
Aroma: .... Hortelã

Ingredientes

10 folhas de hortelã frescas
1 colher de bar de açúcar ou xarope de açúcar
1 dose de Bourbon
gelo em cubos
gelo picado e moído
1 cereja
água gelada ou club soda

Utensílios

1 copo silver mug
1 amassador ou soquete
1 colher misturadora longa
1 copo de mistura
1 balde para gelo
1 pinça para gelo
1 palito longo de plástico
1 dosador de 50 mℓ

Preparo

1. Preparar a crusta com antecedência, seguindo a receita dada em "Crusta" no capítulo "Coquetelaria" e reservar no congelador.
2. Macerar no copo de mistura 5 folhas de hortelã com o açúcar, preservando ao máximo a crusta no freezer. Somente na hora de montar o drinque faça uso do copo gelado.
3. Colocar as folhas já preparadas no copo.
4. Adicionar 1/2 dose de Bourbon e misturar os ingredientes.
5. Colocar os cubos de gelo no copo, ocupando os espaços vazios com gelo quebrado e moído.
6. Decorar com as 5 folhas de hortelã restantes e a cereja.

7. Acrescentar o Bourbon restante.
8. Por último, completar com club soda ou água.
9. Reservar por alguns minutos para acabar a crusta externa.

Copo tumbler ou unfooted (sem pé)

TODDY OU MUG

Grogue

Características

Volume: .... Longo
Preparo: .... Montado
Temperatura: .... Quente
Base: .... Rum escuro
Cor: .... Marrom
Sabor: .... Rum
Aroma: .... Especiarias

Ingredientes

1 parte de Rum escuro
1 colher de bar de açúcar mascavo
suco de 1/2 limão
4 cravos
1 bastão de canela
1 parte de água quente
2 cascas de laranja ou limão, sem o branco interno

Utensílios

1 copo toddy com alça
1 colher de bar
1 dosador de 50 mℓ

Preparo

1. Colocar uma parte de Rum escuro no copo.
2. Acrescentar o açúcar.
3. Adicionar o suco do limão.
4. Acrescentar os cravos e o bastão de canela.
5. Finalizar completando o copo com água quente.
6. Servir ainda quente, decorando com as cascas de limão e de laranja.

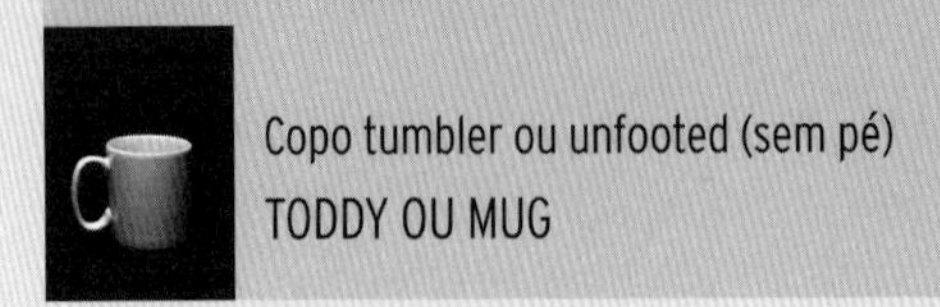

Irish Coffee

Características

Volume: .... Longo
Preparo: .... Montado
Temperatura: .... Quente
Base: .... Irish whiskey
Cor: .... Branca e marrom
Sabor: .... Café
Aroma: .... Café

Ingredientes

1 parte de café forte e quente
1 parte de Irish whiskey
1 colher de bar de açúcar mascavo
1 colher de bar de açúcar branco
creme chantilly fresco
canela em pó a gosto
2 cascas de laranja e 2 de limão, sem o branco interno, com cerca de 2 cm cada

Utensílios

1 copo toddy com alça
1 colher de bar
1 dosador de 50 mℓ

Preparo

1. Colocar o café no copo.
2. Acrescentar o Irish whiskey, o açúcar mascavo e o açúcar branco e misturar delicadamente no copo.
3. Colocar o creme chantilly fresco.
4. Salpicar a canela em pó.
5. Guarnecer com as cascas de limão e de laranja.
6. Servir ainda quente.

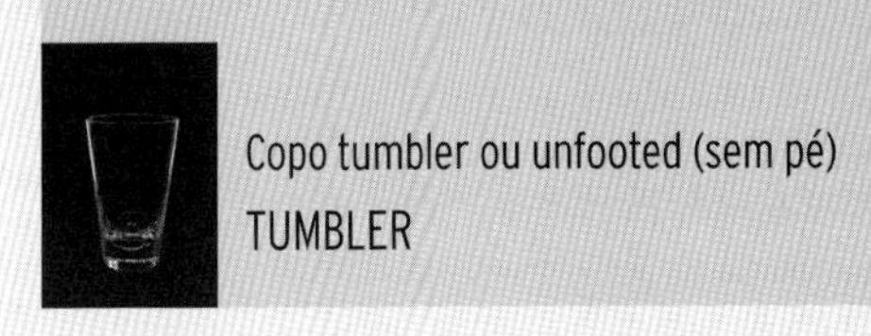

Bloody Mary

Características

Volume: .... Longo
Preparo: .... Montado
Temperatura: .... Gelada
Base: .... Vodca
Cor: .... Vermelha
Sabor: .... Seco
Aroma: .... Frutas e especiarias

Ingredientes

gelo em cubos
1 dose de Vodca
1/2 copo de suco de tomate
suco de 1 limão
molho inglês
1 pitada de sal ou pó de aipo
tabasco ou pimenta-do-reino a gosto
1 talo ou folha de salsão

Utensílios

1 copo tumbler
1 colher misturadora longa
1 pinça para gelo
1 balde para gelo
1 dosador de 50 mℓ

Preparo

1. Colocar no copo a quantidade de gelo adequada.
2. Adicionar a Vodca e o suco de tomate.
3. Acrescentar isoladamente o suco do limão.
4. Juntar uma gota de molho inglês.
5. Colocar sal ou pó de aipo.
6. Misturar delicadamente todos os ingredientes, acrescentar a pimenta-do-reino ou o tabasco.
7. Guarnecer com talo ou folha do salsão.

Segredos da coquetelaria

- Este coquetel é muito conhecido como o Drinque da Cobra, pois sua receita, vigorosa e forte, contém ao mesmo tempo o veneno que mata e o antídoto que cura.

- É uma bebida muito apreciada para tomar pela manhã e utilizada, com frequência, para abrandar os incômodos causados pela ressaca.
- Para fazer o pó de aipo, basta juntar ao saleiro pedaços de salsão com sua flor e guardar fechado.

Copo stemmed ou footed (com pé)

ABSINT DRIP

Absinto

Características

Volume: .... Longo
Preparo: .... Montado
Temperatura: .... Gelada
Base: .... Absinto
Cor: .... Amarela-verdeal
Sabor: .... Especiarias
Aroma: .... Anis

Ingredientes

1 dose de Absinto, Pastis ou Pernod
2 tabletes de açúcar
2 cubos de gelo
água fresca

Utensílios

1 copo absint drip
1 dripper, pingadeira ou pingador
1 balde para gelo
1 pinça para gelo
1 garrafa de água fresca
1 pires

Preparo

1. Despejar 1 dose da bebida escolhida no copo.
2. Colocar o dripper no copo.
3. Dispor os tabletes de açúcar e as pedras de gelo sobre a peça.
4. Verter a água sobre os ingredientes.
5. Aguardar que os elementos se misturem.
6. Misturar com o auxílio do dripper, finalizando o drinque.

Segredo da coquetelaria

- Esta bebida deverá ser montada na mesa, pelo próprio cliente.

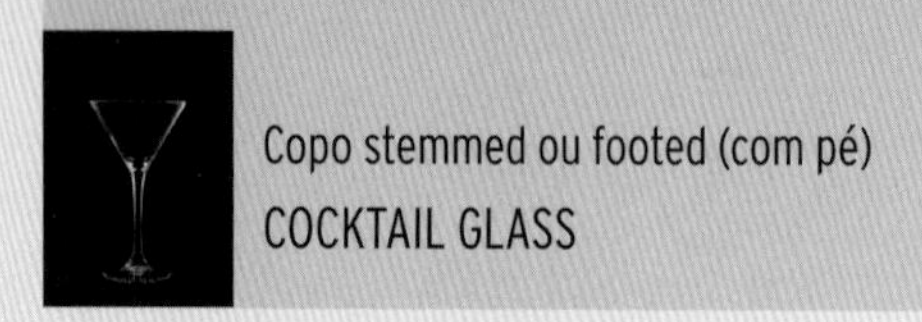

Cosmopolitan

Características

Volume: .... Curto
Preparo: .... Batido
Temperatura: .... Gelada
Base: .... Vodca
Cor: .... Vermelha
Sabor: .... Triple sec
Aroma: .... Especiarias

Ingredientes

4/10 de Vodca
2/10 de Triple sec
2/10 de suco de limão
2/10 de suco de amora
1 fatia da casca de limão-siciliano, sem o branco interno, para decorar
gelo quebrado

Utensílios

coqueteleira
1 balde para gelo
1 colher de bar
1 dosador de 50 mℓ
1 cocktail glass
espremedor de fruta

Preparo

1. Gelar o copo com gelo moído.
2. Colocar na coqueteleira o gelo quebrado.
3. Acrescentar a Vodca, o Triple sec, o suco de limão e o suco de amora e bater vigorosamente.
4. Decorar o copo com a casca de limão.
5. Descartar o gelo do copo.
6. Verter a bebida no copo de serviço.

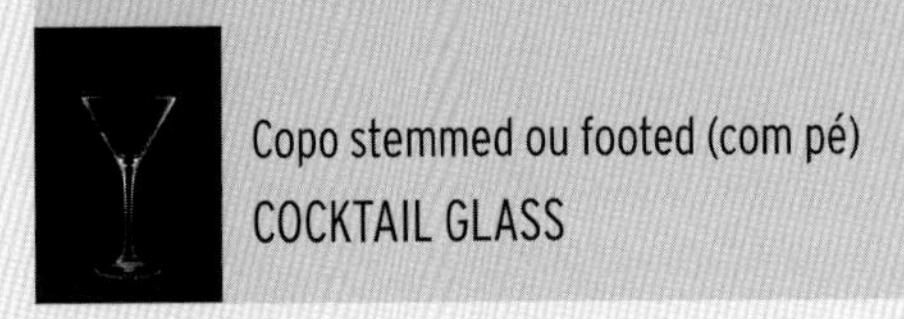

Dry Martini

(Serve 2 pessoas, com choro)

Características

Volume: .... Curto
Preparo: .... Mexido
Temperatura: .... Muito gelada
Base: .... Gim
Cor: .... Cristalina-verdeal
Sabor: .... Seco
Aroma: .... Especiarias e frutas em conserva

Ingredientes

gelo em cubos, moído ou quebrado, transparente, cristalino, de água filtrada ou mineral
2 azeitonas verdes ou 2 pequenos pedaços de casca de limão, sem a película branca da parte interna
2 1/2 partes de Gim inglês por drink
1/2 parte de Vermute francês branco seco por drink

Utensílios

2 copos cocktail
1 haste ou colher misturadora de aço
1 pinça para gelo
1 balde para gelo
1 copo de mistura para duas pessoas
2 palitos de plástico
1 escumadeira de aço
1 dosador de 50 mℓ

Preparo

1. Separar a guarnição preferida.
2. Gelar os 2 cocktail glasses com gelo moído ou quebrado e reservar.
3. Mergulhar as casquinhas de limão ou as azeitonas espetadas em palitos, nos copos com gelo, e reservar por alguns minutos.
4. Encher 3/4 do volume do copo de mistura com cubos de gelo e reservar por tempo igual.
5. Escorrer a água que se formou no copo de mistura.
6. Colocar em primeiro lugar o Gim e, logo após, adicionar o Vermute.

7. Misturar suave e delicadamente, pelo tempo necessário para gelar o drinque sem deixá-lo aguado. Reservar por 1 minuto.
8. Descartar a água e o gelo do primeiro copo.
9. Transferir e mergulhar os palitos com as azeitonas para o segundo copo, ainda cheio de gelo e com a água que se formou.
10. Verter a bebida já misturada com a ajuda da escumadeira, sem preencher o espaço total do primeiro copo.
11. Derramar o gelo e a água do segundo copo.
12. Repetir a operação do item 10.
13. Guarnecer com a azeitona ou com o twist da casca do limão os dois copos.

Segredos da coquetelaria

- Dizem que aqueles que tomam três Dry Martinis sofrem uma discreta discriminação ou são considerados donos de bom gosto e paladar extremamente refinados.
- O Dry Martini sempre foi considerado o *bad boy* da família.
- O palito de madeira transfere sabor e aroma para o drinque.

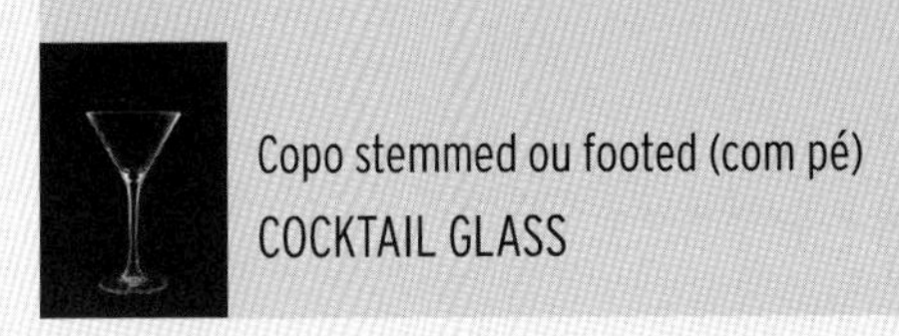

Pink Gim

Características

Volume: .... Curto
Preparo: .... Mexido
Temperatura: .... Gelada
Base: .... Gim
Cor: .... Pink (cor-de-rosa)
Sabor: .... Gim
Aroma: .... Especiarias

Ingredientes

1 dose de Gim
Angostura ou Orange Bitter
Gelo

Utensílios

1 cocktail glass
1 balde para gelo
1 colher de bar
1 dosador de 50 mℓ

Preparo

1. Gelar previamente o cocktail glass.
2. Colocar 1 colher de bar dos amargos no interior do copo.
3. Girar o copo para espalhar os amargos em seu interior.
5. Retirar o excesso.
6. Acrescentar o Gim, gelado ou não, a gosto.

Segredo da coquetelaria

- Geralmente não se usa gelo nesse coquetel. Tanto o copo quanto o Gim podem ser gelados previamente com gelo moído. Para gelar o Gim, outra possibilidade é utilizar um mixing glass com cubos de gelo.

Copo stemmed ou footed (com pé)

CORDIAL, LIQUEUR, PONY GLASS OU CÁLICE

Bebida pura

Características

Volume: .... Curto
Preparo: .... Puro
Temperatura: .... Natural
Base: .... Licor
Cor: .... Colorida
Sabor: .... Doce
Aroma: .... Especiarias

Ingrediente

base

Utensílio

1 copo cordial

Preparo

Servir pura.

Copo stemmed ou footed (com pé)

COUPETTE

Margarita

Características

Volume: .... Curto
Preparo: .... Batido
Temperatura: .... Fria
Base: .... Tequila
Cor: .... Branca-verdeal
Sabor: .... Frutas
Aroma: .... Frutas frescas

Ingredientes

1 parte de Tequila branca
1 parte de suco de limão
1 parte de Triple sec ou Cointreau
1 dash de xarope de açúcar ou 1 colher de bar de açúcar
gelo em cubos
gelo moído ou quebrado
sal
3 gomos de limão sem casca

Utensílios

1 coupette
1 coqueteleira
pires
1 balde para gelo
1 pinça para gelo
1 faca amolada
1 espremedor de frutas
1 guardanapo ou saco de tecido
1 soquete para amassar ou quebrar o gelo
1 escumadeira

Preparo

1. Formar a crusta do copo com sal (ver "Crusta" no capítulo "Coquetelaria") e reservar.
2. Colocar na coqueteleira uma parte de Tequila branca.
3. Acrescentar 1 parte de suco de limão, o Triple sec ou Cointreau e o açúcar ou xarope de açúcar.
4. Adicionar 2 pedras de gelo e 4 colheres de bar de gelo moído ou quebrado.

5. Bater vigorosamente, e escorrer, com a ajuda da escumadeira, vertendo o líquido no copo com a crusta pronta.
6. Servir o drinque guarnecido com o pires, contendo o sal e os gomos de limão.

Segredo da coquetelaria

- Não confundir com marguerita, que é nome de pizza.

Copo stemmed ou footed (com pé)

COUPETTE

Piña Colada

Características

Volume: .... Curto
Preparo: .... Batido
Temperatura: .... Fria
Base: .... Rum
Cor: .... Branca
Sabor: .... Doce
Aroma: .... Frutas cítricas

Ingredientes

1 parte de Rum branco
1/2 parte de leite de coco
1 parte de suco de abacaxi
gelo em cubos
açúcar ou xarope
1 cereja
pequenos triângulos de abacaxi com casca
coco ralado
gelo moído

Utensílios

1 coupette
1 coqueteleira ou liquidificador
1 balde para gelo
1 pinça para gelo
1 palito de plástico
1 faca

Preparo

1. Colocar o Rum na coqueteleira ou liquidificador.
2. Acrescentar o leite de coco e o suco de abacaxi.
3. Completar com cubos de gelo.
5. Bater os ingredientes com açúcar ou xarope, a gosto.
6. Verter a bebida no copo.
7. Espetar uma cereja nos triângulos de abacaxi e guarnecer.
8. Polvilhar coco ralado sobre a superfície do drinque.

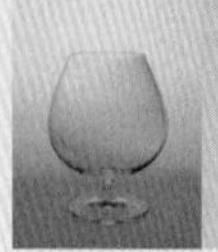

Copo stemmed ou footed (com pé)

LARGE BALLOON SNIFTER

Conhaque puro

Características

Volume: .... Curto
Preparo: .... Puro
Temperatura: .... Natural
Base: .... Conhaque
Cor: .... Dourada
Sabor: .... Seco
Aroma: .... Frutas

Ingrediente

1 dose de Conhaque

Utensílio

1 copo balloon snifter

Preparo

Servir puro.

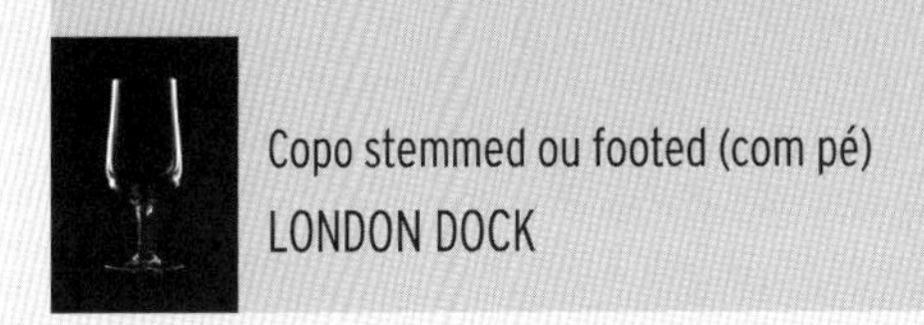

Copo stemmed ou footed (com pé)
LONDON DOCK

Martini Port

Características

Volume: .... Curto
Preparo: .... Mexido
Temperatura: .... Gelada
Base: .... Gim
Cor: .... Cristalina
Sabor: .... Seco
Aroma: .... Especiarias

Ingredientes

4 1/2 partes de Gim inglês
gelo em cubos, moído ou quebrado, transparente e cristalino, de água filtrada ou mineral
1 azeitona verde
1/2 parte de Porto branco seco ou Porto tinto doce

Utensílios

1 copo london dock
1 haste ou colher misturadora de aço
1 copo de mistura de cristal ou vidro para 1 pessoa
1 pinça para gelo
1 balde para gelo
1 escumadeira de aço
1 palito de plástico

Preparo

1. Colocar o gelo moído ou quebrado no copo e reservar por alguns minutos.
2. Mergulhar no gelo do copo a azeitona já espetada no palito e reservar por alguns minutos.
3. Encher 3/4 do volume do copo de mistura com cubos de gelo e reservar por tempo igual.
4. Escorrer a água que se formou.
5. Colocar em primeiro lugar o Porto tinto ou adicionar o Porto branco.
6. Misturar suave e delicadamente, pelo tempo necessário para gelar o drinque sem deixá-lo ficar aguado. Reservar por 1 minuto.
7. Descartar a água e o gelo do copo de serviço.

8. Verter a bebida já misturada com a ajuda da escumadeira, sem preencher o volume total do copo.
9. Guarnecer com uma azeitona.
10. Servir no balcão do bar, diante do cliente.

Segredo da coquetelaria

- O Jerez pode substituir o Porto seco muito bem.

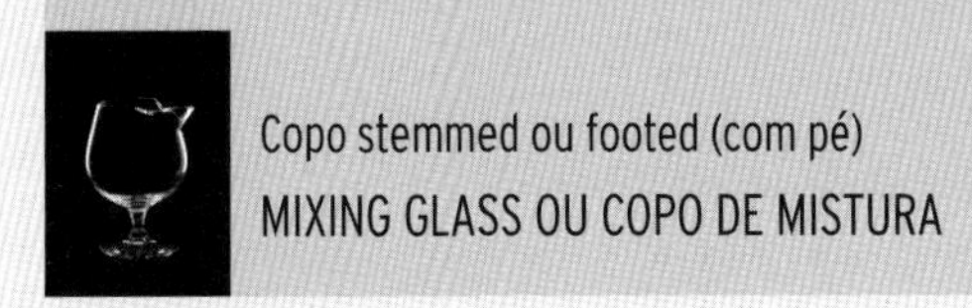

Copo stemmed ou footed (com pé)

MIXING GLASS OU COPO DE MISTURA

Bronx

(Serve 1 pessoa)

Características

Volume: .... Curto
Preparo: .... Batido
Temperatura: .... Fria
Base: .... Gim
Cor: .... Alaranjada
Sabor: .... Seco
Aroma: .... Especiarias com frutas cítricas

Ingredientes

gelo quebrado e moído
1 parte de Gim
1 parte de Vermute branco seco
1 parte de Vermute tinto clássico
1 parte de suco de laranja
1 cereja

Utensílios

1 cocktail glass
1 coqueteleira
1 balde para gelo
1 pinça para gelo
1 dosador de 50 mℓ
1 palito de plástico
1 soquete

Preparo

1. Pré-gelar o copo com o gelo moído ou quebrado.
2. Colocar na coqueteleira primeiro o gelo quebrado e em cubos.
3. Acrescentar o Gim, o Vermute branco, o Vermute tinto e o suco de laranja. Bater vigorosamente.
4. Retirar o gelo do copo.
5. Servir com o gelo ainda quebrado no interior da coqueteleira.
6. Guarnecer com a cereja já espetada no palito.

Dry Martini

(Serve 1 pessoa, com choro)

Características

Volume: .... Curto
Preparo: .... Mexido
Temperatura: .... Gelada
Base: .... Gim
Cor: .... Cristalina-verdeal
Sabor: .... Seco
Aroma: .... Especiarias e frutas em conserva

Ingredientes

1 azeitona verde ou 1 pequeno pedaço de casca de limão, sem o branco da parte interna
gelo moído ou quebrado, transparente e cristalino
gelo em cubos
2 1/2 partes de Gim inglês
1/2 parte de Vermute francês branco seco

Utensílios

1 cocktail glass
1 copo de mistura para 1 pessoa
1 haste ou colher misturadora de aço
1 balde para gelo
1 dosador de 50 mℓ
1 escumadeira
1 palito de plástico
1 pinça para gelo

Preparo

1. Separar a guarnição preferida.
2. Gelar o copo com o gelo moído ou quebrado e reservar.
3. Mergulhar no copo com gelo a casquinha de limão, ou a azeitona já espetada no palito, e reservar por alguns minutos.
4. Encher 3/4 do volume do copo de mistura com cubos de gelo e reservar por tempo igual.
5. Escorrer a água que se formou no copo de mistura.
6. Colocar primeiro o Gim, e logo depois o Vermute.
7. Misturar suave e delicadamente por 1/2 minuto, sem deixar aguar.

8. Reservar por mais 1/2 minuto.
9. Descartar a água e o gelo do cocktail glass.
10. Transferir e mergulhar o palito com a azeitona, ou a casca de limão, para o interior do copo de mistura, ainda cheio de gelo e com as bebidas misturadas.
11. Verter a bebida já misturada, com a ajuda da escumadeira, sem preencher o volume total do cocktail glass.
12. Guarnecer o cocktail glass com a azeitona ou com um twist na casca do limão.
13. Completar o drinque na mesa, ou no balcão, diante do cliente.

Segredos da coquetelaria

- Em virtude de seu volume, esse copo de mistura dá chance ao barman de se deslocar do bar, ir até a mesa servir o cliente, conferir o taste e ainda completar o drinque, oferecendo o choro que ficou no copo de mistura. Evidentemente, demonstrar essas aptidões exige do barman certa prática no transporte dos drinques na bandeja, sobretudo o cálculo exato do volume das bebidas preparadas para o choro.
- O Dry Martini, originalmente, era feito com 1/2 parte de Gim e 1/2 parte de Vermute. Essa proporção começou a ser alterada no início da década de 1940, mudando para 2 partes de Gim e 1 parte de Vermute. Atualmente a quantidade de Vermute usada nesse drinque diminuiu bastante (reduzida, muitas vezes, a poucas gotas da bebida), ficando a critério de cada um determinar a proporção em que deverá entrar na composição do drinque.
- É importante utilizar apenas pequenas garrafas de Vermute, uma vez que, depois de aberta, a bebida perde aroma e se oxida rapidamente. Para prevenir essas alterações, pode-se também guardar a garrafa aberta na geladeira.
- Alguns profissionais mais radicais não reconhecem o Dry Martini on the Rocks como coquetel, mas somente o Straight-up.

Gibson

(Serve 2 pessoas)

Características

Volume: .... Curto
Preparo: .... Mexido
Temperatura: .... Muito gelada
Base: .... Gim
Cor: .... Verdeal-cristalina
Sabor: .... Seco
Aroma: .... Especiarias

Ingredientes

gelo moído ou quebrado
2 cebolinhas em conserva, em cada drinque
gelo em cubos
2 1/2 partes de Gim por pessoa
1/2 parte de Vermute branco seco por pessoa

Utensílios

2 cocktail glasses
1 haste ou colher misturadora de aço
1 pinça para gelo
1 balde para gelo
1 copo de mistura
2 palitos de plástico
1 escumadeira de aço
1 dosador de 50 mℓ

Preparo

1. Separar a guarnição.
2. Espetar com os palitos de plástico duas cebolinhas para cada drinque.
3. Gelar os 2 cocktail glasses com gelo moído ou quebrado.
4. Mergulhar as cebolinhas espetadas nos palitos de plástico nos copos com gelo. Reservar por alguns minutos.
5. Encher 3/4 do volume do copo de mistura com cubos de gelo e reservar por tempo igual.
6. Escorrer a água que se formou no copo de mistura.
7. Colocar em primeiro lugar o Gim e, em seguida, o Vermute.

8. Misturar suave e delicadamente pelo tempo necessário para gelar o drinque, sem deixá-lo ficar aguado. Reservar por 1 minuto.
9. Descartar a água e o gelo do copo de serviço.
10. Transferir as cebolinhas para o copo de mistura.
11. Verter a bebida com a ajuda da escumadeira, sem preencher o espaço total dos copos.
12. Guarnecer com as cebolinhas espetadas nos palitos de plástico.

Manhattan

(Serve 3 pessoas ou mais)

Características

Volume: .... Curto
Preparo: .... Mexido
Temperatura: .... Gelada
Base: .... Canadian
Cor: .... Vermelha-rubra
Sabor: .... Seco doce
Aroma: .... Especiarias

Ingredientes

gelo em cubos, moído ou quebrado
3 cerejas ao maraschino
2 partes de Canadian ou Bourbon para cada drinque
1 parte de Vermute tinto clássico para cada drinque
3 gotas de Orange Bitter ou Angostura para cada drinque

Utensílios

3 cocktail glasses
1 copo de mistura para três pessoas
1 haste ou colher misturadora
1 escumadeira de aço
1 balde para gelo
1 pinça para gelo
3 palitos de plástico
1 dosador de 50 mℓ

Preparo

1. Gelar os 3 copos com o gelo, moído ou quebrado.
2. Mergulhar a cereja espetada no palito nos copos com gelo, e reservar por alguns minutos.
3. Encher 3/4 do volume do copo de mistura com cubos de gelo e reservar por tempo igual.
4. Escorrer a água que se formou.
5. Adicionar o Canadian ou Bourbon.
6. Acrescentar o Vermute tinto.
7. Adicionar 3 gotas de Orange Bitter ou Angostura por pessoa.
8. Misturar suave e delicadamente pelo tempo necessário para gelar o drinque sem deixá-lo ficar aguado. Reservar por 1 minuto.

9. Descartar a água e o gelo que se formou nos copos de serviço.
10. Verter a bebida com a ajuda da escumadeira, sem preencher o volume total do copo.
11. Guarnecer com as cerejas espetadas.

Segredos da coquetelaria

- Este é o mais clássico de todos os drinques. É o único, na longa lista dos grandes coquetéis, com o privilégio de ser doce e seco ao mesmo tempo.
- Como todos os clássicos, o Manhattan sempre inspirou grandes debates em relação à proporção exata de ingredientes no seu modo de preparo. Exemplos: uma parte de Vermute tinto e outra de Canadian, ou 2 partes de Vermute tinto para 1 parte de Canadian ou Bourbon.
- Substituir o Canadian ou Bourbon pelo Scotch o transforma em outro clássico: o Rob Roy.

Burgundy Cobbler

Características

Volume: .... Longo
Preparo: .... Montado
Temperatura: .... Fria
Base: .... Borgonha tinto
Cor: .... Vermelha-rubi
Sabor: .... Seco
Aroma: .... Frutas frescas

Ingredientes

gelo em cubos
4 dashes de Conhaque
4 dashes de Curaçau
1 copo de vinho tinto da Borgonha
folhas de menta

Utensílios

1 copo paris ballon
1 balde para gelo
1 copo de mistura
1 pinça para gelo
1 saca-rolha

Preparo

1. Colocar o gelo no copo de mistura.
2. Acresentar o Conhaque e o Curaçau.
3. Adicionar o vinho.
4. Mexer delicadamente.
5. Verter no ballon com 2 pedras de gelo.
6. Decorar com um galhinho de menta.

Copo stemmed ou footed (com pé)

PARIS BALLON, ALL PURPOSE GOBLET OU BALÃO

Clericot de Frutas Vermelhas

(Serve 4 pessoas)

Características

Volume: .... Longo
Preparo: .... Montado
Temperatura: .... Fria
Base: .... Vinho branco
Cor: .... Amarela-palha com frutas vermelhas
Sabor: .... Frutas
Aroma: .... Frutas frescas

Ingredientes

500 g de frutas vermelhas (morango, cereja, framboesa, amora, groselha, romã, uva)
1 cálice de licor maraschino
1 cálice de Grand Marnier
1 garrafa de vinho branco
gelo em cubos
água mineral gaseificada

Utensílios

1 copo paris ballon
1 poncheira
1 cálice de 100 $m\ell$
1 balde para gelo
1 pinça para gelo
1 abridor de garrafa
1 saca-rolha
1 concha

Preparo

1. Colocar as frutas numa poncheira e regar com maraschino e Grand Marnier.
2. Deixar em repouso por 30 minutos.
3. Despejar o vinho sobre as frutas e misturar delicadamente.
4. Acrescentar gelo e um pouco de água mineral com gás.

Segredo da coquetelaria

- Pode-se preparar essa receita utilizando Champanhe em lugar de vinho branco.

Rhine Wine Spritzer

Características

Volume: .... Longo
Preparo: .... Montado
Temperatura: .... Gelada
Base: .... Vinho do Reno branco
Cor: .... Branca-palha
Sabor: .... Seco
Aroma: .... Perfumado

Ingredientes

gelo em cubos
vinho do Reno branco levemente aromático, ou qualquer riesling
club soda ou água com gás, à temperatura ambiente
1 casquinha de limão sem a película branca

Utensílios

1 copo paris ballon
1 balde para gelo
pinça para gelo
1 saca-rolha
1 abridor de garrafa

Preparo

1. Colocar no copo 2 pedras de gelo.
2. Adicionar o vinho branco.
3. Completar com club soda ou água.
4. Guarnecer com um twist de limão.

Segredo da coquetelaria

- A bebida gaseificada, sem gelo, acentua a ação do gás carbônico, provocando um fizz característico.

Ritz Fizz

Características

Volume: .... Longo
Preparo: .... Mexido
Temperatura: .... Gelada
Base: .... Vinho branco doce
Cor: .... Amarela-palha
Sabor: .... Doce
Aroma: .... Frutas

Ingredientes

1/2 copo de vinho branco doce Sauterne, Barsac ou outro de categoria similar
1 splash de Vermute seco
1 splash de kirsch
1 splash de Peach
1/2 colher de chá de açúcar ou xarope
club soda
rodela ou casca de laranja

Utensílios

1 copo paris ballon
1 copo de vinho nº 2
1 balde para gelo
1 pinça para gelo
1 colher misturadora
1 escumadeira
1 saca-rolha
1 abridor de garrafa

Preparo

1. Mesclar tudo no copo de mistura.
2. Servir no copo com gelo.
3. Finalizar com club soda.
4. Decorar com a laranja.

Sangria I (marinada)

(Serve 6 pessoas)

Características

Volume: .... Longo
Preparo: .... Montado
Temperatura: .... Gelada
Base: .... Vinho
Cor: .... Rubi
Sabor: .... Frutas
Aroma: .... Frutas frescas

Ingredientes

1/2 garrafa de água fria sem gás
5 colheres de bar de açúcar
1 limão ou lima em rodelas
1 laranja grande em rodelas
10 cubos de gelo
1 garrafa de vinho tinto seco

Utensílios

1 copo paris ballon
1 caçarola grande
1 boca de fogo
1 jarra grande
1 colher misturadora de bar
1 balde para gelo
1 pinça para gelo
1 abridor de garrafa
1 saca-rolha
1 faca de bom corte

Preparo

1. Misturar a água e o açúcar e aquecer moderadamente, até obter uma calda rala.
2. Adicionar as frutas e aquecer por 5 minutos.
3. Retirar.
4. Deixar marinar por 4 horas.
5. Colocar o gelo em uma jarra, somente com as frutas e 1/4 da calda de açúcar.
6. Completar com a garrafa de vinho.
7. Guarnecer os copos com uma rodela de laranja, outra de limão e cubos de gelo.

Sangria II

(Serve 10 pessoas)

Características

Volume: .... Longo
Preparo: .... Mexido
Temperatura: .... Gelada
Base: .... Vinho tinto seco
Cor: .... Vermelha-clara
Sabor: .... Seco
Aroma: .... Frutas

Ingredientes

1 bloco de gelo grande, que caiba na poncheira
6 rodelas de limão
6 rodelas de laranja
6 lascas de pêssego natural ou em compota
2 colheres de açúcar de bar
suco de 1 laranja
suco de 1 limão
2 doses de Conhaque
2 garrafas de vinho tinto seco
1 dose de Curaçau
1 garrafa de club soda

Utensílios

10 copos paris ballon
1 poncheira grande
1 colher de bar
1 faca afiada
1 saca-rolha
1 abridor de garrafa
1 abridor de latas
1 dosador de 50 mℓ
1 coador
1 concha

Preparo

1. Colocar no centro da poncheira o bloco de gelo, rodelas de limão, laranja e pêssego.
2. Acrescentar o açúcar.
3. Acrescentar os sucos de laranja e limão, coados.
4. Unir o Conhaque, o Curaçau, o vinho e, por último, o club soda.
5. Misturar e servir.

Vin Chaud (Glühwein)

(Serve 2 pessoas)

Características

Volume: .... Longo
Preparo: .... Mexido
Temperatura: .... Quente
Base: .... Vinho tinto
Cor: .... Vermelha-escura
Sabor: .... Meio seco
Aroma: .... Especiarias

Ingredientes

1/4 de garrafa de água
1/2 garrafa de vinho tinto da Borgonha ou similar
2 colheres de açúcar de bar
4 cravos
1 pedaço de canela
2 rodelas de limão

Utensílios

2 copos paris ballon
1 caçarola grande
1 boca de fogo
1 colher misturadora de bar
1 abridor de garrafa
1 saca-rolha

Preparo

1. Aquecer a água com o vinho, em fogo brando, por 5 minutos, sem levantar fervura.
2. Adicionar o açúcar, os cravos, a canela e finalizar com as rodelas de limão.
3. Servir no paris ballon.

Vin Chaud à l'Orange

(Serve 5 pessoas)

Características

Volume: .... Longo
Preparo: .... Mexido
Temperatura: .... Quente
Base: .... Vinho tinto
Cor: .... Alaranjada
Sabor: .... Seco
Aroma: .... Frutas

Ingredientes

1 garrafa de vinho tinto
1 dose de Conhaque
1/2 garrafa de água
6 tabletes de açúcar
2 laranjas em rodelas, sem casca
suco de 2 laranjas

Utensílios

5 copos paris ballon
1 panela
1 boca de fogo
1 tigela
1 dosador de 50 mℓ
1 abridor de garrafa
1 saca-rolha
1 faca
1 coador

Preparo

1. Colocar o vinho, o Conhaque e a água para aquecer, sem ferver.
2. Aquecer gentilmente o açúcar, as rodelas das 2 cascas de laranja, e o suco, em outra panela, já coado.
3. Juntar o vinho, o Conhaque e a água, já aquecidos, à panela do açúcar.
4. Servir nos copos paris ballon, com a bebida já aquecida.

Copo stemmed ou footed (com pé)

PORT OU PORTO

Porto Flip

Características

Volume: .... Curto
Preparo: .... Batido
Temperatura: .... Gelada
Base: .... Porto tinto
Cor: .... Dourada-escura
Sabor: .... Seco
Aroma: .... Neutro

Ingredientes

1/2 gema de ovo
1/2 dose de Brandy
1/2 dose de vinho do Porto tinto
gelo em cubos
noz-moscada para polvilhar

Utensílios

1 copo de porto
1 coqueteleira
1 balde para gelo
1 pinça para gelo
1 dosador de 50 mℓ
1 ralador pequeno

Preparo

1. Colocar na coqueteleira 1/2 gema de ovo.
2. Adicionar o Brandy e o Porto.
3. Preencher a coqueteleira com 3 cubos de gelo e bater vigorosamente.
4. Servir.
5. Guarnecer, polvilhando noz-moscada moderadamente.

Jerez Sour

Características

Volume: .... Curto
Preparo: .... Batido
Temperatura: .... Gelada
Base: .... Jerez
Cor: .... Alaranjada
Sabor: .... Seco
Aroma: .... Frutas frescas

Ingredientes

gelo moído
1 parte de Jerez
1 parte de suco de limão
1 parte de suco de laranja
1/2 colher de bar de açúcar ou xarope
1 cereja

Utensílios

1 copita
1 coqueteleira
1 espremedor
1 coador
1 balde para gelo
1 pinça para gelo
1 palito
1 dosador de 50 mℓ
1 colher de bar

Preparo

1. Colocar o gelo na coqueteleira.
2. Acrescentar a dose de Jerez.
3. Adicionar a dose de limão e de laranja.
4. Adicionar o açúcar ou o xarope.
5. Verter a bebida na copita.
6. Guarnecer com a cereja espetada no palito.

Copo stemmed ou footed (com pé)

SMALL BRANDY SNIFTER

Bebida pura

Características

Volume:... Curto
Preparo:.. Puro
Temperatura:...................................... Natural
Base:... Calvados ou Armagnac
Cor:... Dourada-escura ou Conhaque
Sabor:.. Seco
Aroma:... Álcool de uva em carvalho

Ingrediente

base

Utensílios

1 copo brandy snifter
1 dosador de 50 mℓ

Preparo

Servir pura.

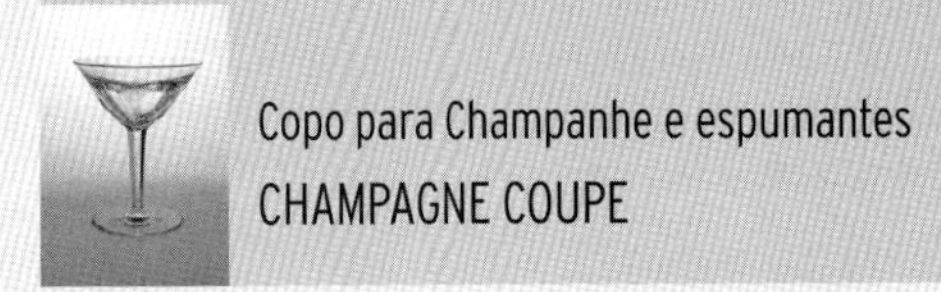

Copo para Champanhe e espumantes

CHAMPAGNE COUPE

Bebida pura

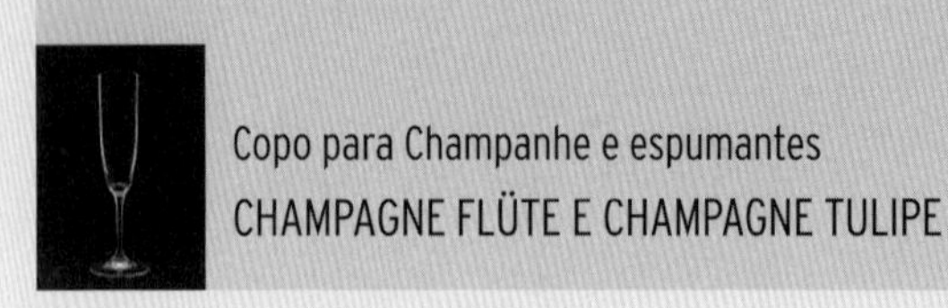

Bellini

Características

Volume: .... Curto
Preparo: .... Montado
Temperatura: .... Fria
Base: .... Champanhe ou prosecco
Cor: .... Amarela-palha
Sabor: .... Pêssego
Aroma: .... Frutas frescas

Ingredientes

1 parte de suco de fruta fresca de pêssego ou damasco
2 partes de Champanhe ou prosecco

Utensílios

1 copo flüte ou 1 copo tulipe
1 processador
1 colher de bar

Preparo

1. Preparar o suco, mantendo-o gelado.
2. Servir 1 dose de Champanhe no copo.
3. Acrescentar o suco na proporção meio a meio.

Segredo da coquetelaria

- Em Veneza, no Harry's Bar, onde o drinque foi criado, esse drinque é servido num copo criado pela casa.

Black Velvet

Características

Volume: .... Longo
Preparo: .... Montado
Temperatura: .... Fria
Base: .... Champanhe e cerveja
Cor: .... Marrom-escura
Sabor: .... Seco
Aroma: .... Cevada

Ingredientes

Champanhe brüt gelada
cerveja preta Guinnes

Utensílio

1 copo flüte ou 1 copo tulipe

Preparo

- Verter no copo, simultaneamente, a cerveja e o Champanhe, tentando obter uma espuma homogêna, tendendo para o branco.

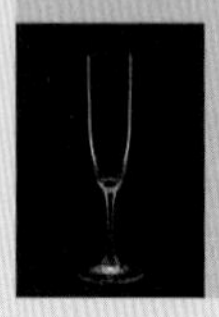

Kir

Características

Volume: .... Longo
Preparo: .... Montado
Temperatura: .... Fria
Base: .... Vinho branco seco Borgonha Aligotée
Cor: .... Rosada
Sabor: .... Seco
Aroma: .... Frutas

Ingredientes

vinho branco seco Borgonha Aligotée
1/2 dose de creme de cassis

Utensílio

1 copo flüte ou 1 copo tulipe

Preparo

1. Encher o copo com vinho branco gelado, sem completar até a borda.
2. Completar o volume com creme de cassis à temperatura ambiente.

Segredo da coquetelaria

- A ordem dos componentes da bebida pode ser invertida.

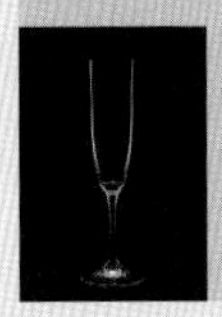

Kyr ou Kyr Royale

Características

Volume: .... Curto
Preparo: .... Montado
Temperatura: .... Fria
Base: .... Champanhe ou Borgonha Aligotée
Cor: .... Rosada
Sabor: .... Seco
Aroma: .... Frutas frescas

Ingredientes

1/2 dose de Champanhe demi-sec ou Borgonha Aligoteé
creme de cassis

Utensílio

1 copo flüte ou 1 copo tulipe

Preparo

1. Servir a base gelada.
2. Acrescentar o cassis no copo.

Mimosa

Características

Volume: .... Longo
Preparo: .... Batido
Temperatura: .... Fria
Base: .... Champanhe
Cor: .... Alaranjada
Sabor: .... Seco
Aroma: .... Frutas frescas

Ingredientes

1 parte de suco de laranja
1 dash de Cointreau
1 parte de Champanhe brüt
1 dash de Grenadine

Utensílios

1 copo flüte ou 1 copo tulipe
1 coqueteleira

Preparo

1. Colocar o suco de laranja e o Cointreau na coqueteleira sobre o gelo.
2. Bater vigorosamente e despejar no copo.
3. Adicionar o Champanhe.
4. Por último, pingar Grenadine.

Death in the Afternoon

Características

Volume: .... Curto
Preparo: .... Mexido
Temperatura: .... Gelada
Base: .... Champanhe
Cor: .... Esverdeada
Sabor: .... Seco
Aroma: .... Anis

Ingredientes

gelo em cubos
1 1/2 dose de Pernod
Champanhe brüt

Utensílios

1 copo de mistura
1 copo champagne saucer
balde para gelo
1 pinça para gelo
1 dosador de 50 mℓ

Preparo

1. Preencher 3/4 do copo de mistura com cubos de gelo.
2. Acrescentar uma dose bem servida de Pernod.
3. Misturar até ficar bem gelado.
4. Verter no copo champagne saucer.
5. Completar com Champanhe.

Pizzetti (Hotel La Poste Cortina)

Características

Volume: .... Curto
Preparo: .... Montado
Temperatura: .... Gelada
Base: .... Champanhe
Cor: .... Dourada
Sabor: .... Seco
Aroma: .... Frutas

Ingredientes

gelo moído
suco de 1 laranja
1 dose de Conhaque
suco de 1/2 grapefruit engarrafado ou suco de lima-da-pérsia
Champanhe brüt

Utensílios

1 copo champagne saucer
1 balde para gelo
1 espremedor de suco

Preparo

1. Colocar o gelo no copo.
2. Acrescentar o suco de laranja.
3. Adicionar o Conhaque e o suco do grapefruit ou de lima-da--pérsia.
4. Completar com Champanhe.

Glossário e terminologia

Tentamos, aqui, esclarecer alguns termos específicos, menos utilizados, alguma linguagem técnica ou expressões regionais, dialetais e populares de língua e costumes brasileiros e estrangeiros do mundo das bebidas destiladas, fermentadas e suas combinações, dos copos, das cristalerias, da enogastronomia e da coquetelaria, incluindo alguns conceitos de análise sensorial. As palavras não incluídas são compreensíveis no miolo do livro.

Acidez: conjunto de ácidos orgânicos da fruta, do processo de vinificação e do engarrafamento.

Adstringência: componente tátil do vinho, regra geral de característica tânica, sensação de aspereza ou secura na boca, semelhante à fruta verde que pega e gruda.

After dinner: drinque servido após o jantar.

Aftertaste: gosto residual que permanece depois da ingestão de uma bebida ou comida; retrogosto.

Amarelo-palha: tonalidade de bebidas destiladas e fermentadas.

Amplitude: quando o vinho não se identifica claramente, possuindo inúmeros aromas.

Art déco (arte decorativa): movimento decorativo nas artes plásticas, *design* industrial e arquitetura, caracterizado pelo uso de materiais novos e por uma acentuada geometria de formas aerodinâmicas, retilíneas, simétricas e ziguezagueantes. O nome se deve à Exposição Internacional de Artes Decorativas e Industriais Modernas, realizada em Paris, em 1925. Teve seu apogeu nos anos 1930 na Europa e nas Américas.

Bad boy: menino mau, ovelha negra da família.

Balcão do bar: móvel comprido da altura aproximada dos cotovelos de uma pessoa, que se destina a separar os atendentes dos clientes, em um estabelecimento comercial, com exposição de diferentes produtos e serviços.

Barra do bar: local onde são "barradas", ou delimitadas, áreas de trabalho entre barmen, garçons, clientes e usuários de um bar.

Barrilha: nome comercial dos carbonatos de sódio e potássio, com múltiplas aplicações, inclusive na fabricação de vidro. Plantas cujas cinzas são ricas em carbonato de sódio, usadas como fonte de soda para fabricar sabão.

Barrique: palavra francesa que significa barril ou barrica de carvalho, de tamanhos menores que os usuais.

Batida: categoria de drinque, em que seus componentes, base, agente modificador e flavour são batidos na coqueteleira, no misturador ou no processador. Pode ser coada ou não.

Best-seller: em inglês, quando se trata de livros, o mais vendido; no Brasil, foi adaptado a outros usos genéricos.

Boca de fogo: na linguagem dos cozinheiros, fogão com muitas bocas, ou trempes com potências de chamas diferentes.

Borda arredondada: acabamento dado às bordas de um copo. Quando prensado, a borda é redonda (⌒); quando o copo é artesanal, geralmente é facetada (┌┐). Ambas podem ser polidas ou não.

Branco-papel: tonalidade de bebidas destiladas ou fermentadas.

Branco-verdeal: tonalidade de bebidas destiladas ou fermentadas.

Brilho: qualidade refletiva da luz, relativa à superfície das bebidas.

Bulbos olfativos: regiões do cérebro situadas sob a parte anterior de cada um dos hemisférios cerebrais, sede de elaboração das impressões olfativas transmitidas pelas ramificações do nervo olfativo.

Buquê: palavra de origem francesa que designa o conjunto de aromas complexos que evoluem no vinho no decorrer do tempo, sobretudo na garrafa, dando origem aos aromas terciários ou de redução.

Caipirinha: tipo de drinque, em que a base (cachaça) e o agente modificador (limão com casca, o açúcar, e o flavour do sumo) são macerados no copo, adicionando-se, posteriormente, o gelo. Portanto, nunca batido. Caipirinha é drinque montado, macerado. A mesma bebida preparada com Vodca é denominada caipiroska. O Decreto Federal nº 4.851, de 2-10-2003, protege o nome e a bebida "caipirinha", que tem graduação alcoólica de 15% a 36% em volume, e é servida a 20 graus Celsius, obtida exclusivamente com cachaça, acrescida de limão e açúcar.

Capacidade olfativa: aptidão mais ou menos acentuada para perceber os aromas.

Cardamomo: especiaria (*Elettaria cardamomum*) originária do sudoeste da Índia, muito utilizada nos países escandinavos para perfumar vinhos quentes.

Cevada: provavelmente a gramínea mais importante como alimento para o homem e para os animais, depois do arroz e do trigo. É essencial na fabricação de cerveja e de outras bebidas alcoólicas.

Champenoise: sistema de processamento de vinhos espumantes, em que a segunda fermentação é feita na própria garrafa.

Chope: cerveja leve, não pasteurizada, servida em barril sob pressão.

Choque térmico: ruptura de material provocada por variação brusca na temperatura.

Choro: porção de bebida alcoólica que o barman e o garçon servem graciosamente, além da dose regulamentar, de quebra, de lambuja.

Choro para o santo: costume popular no Brasil: quando se bebe em pé no botequim, alguns derramam um pouco de cachaça para o santo, outros para as almas.

Chumbo: elemento químico utilizado industrialmente para dar cor, resistência, flexibilidade e maciez ao cristal.

Clarete (PRT), Clairet (FRA), Claret (GBR): denominação dada pelos ingleses aos vinhos de Bordeaux tintos, com tonalidade clara.

Colher coadora: ver *dripper.*

Complexo: conjunto de percepções variadas com abrangência muito ampla de aromas, paladares, cor e outras características do vinho.

Componentes vínicos: podem ser citados alguns como águas, álcoois, açúcares, ácidos, sais e elementos minerais, componentes odoríferos, taninos corantes, proteínas e vitaminas.

Corpo: sensação de peso na boca que, normalmente, se evidencia com maior teor de álcool. O açúcar também contribui.

Cortado: mistura, composição, simbiose de duas ou mais qualidades de vinho para a formação de um terceiro. O mesmo que corte.

Corte: ver *cortado.*

Dash: golpe dado com mestria pelo barman: uma pingada final, uma pontinha. É diferente de choro, e também diferente de splash.

Delgados: parte estreita de um corpo, de uma garrafa, ou de um copo, cintura.

***Design*:** desenho, esboço, *layout, shape.*

Destilado: produto de uma destilação. Processo de separação de líquidos por evaporação, com posterior condensação.

Destilado de uva: Armagnac, Grappa, Marc, Pisco, Bagaceira, Conhaque, Metaxa.

Digest: digerir, digestão, digestivo, assimilar, sumário.

Dosage: adição de um xarope de açúcar, durante o processo de fermentação do Champanhe.

Draft beer: cerveja pasteurizada sob pressão.

Drinque: bebida, gole, tomar uma bebida.

Drinques opacos: coquetéis batidos na coqueteleira.

Dripper: colher de metal colocada na borda do copo de Absinto, que serve de escumadeira; colher coadora.

Enogastronomia: combinação dos processos enológicos e gastronômicos de avaliação de comidas e bebidas.

Enológico: relativo ao vinho, técnica de produção e conservação.

Epicuro: filósofo grego (341-270 a.C.) para quem o ápice do bem reside no prazer, entendido como quietude da mente e domínio sobre as emoções. Esses prazeres moderados são os únicos que não terminam por conduzir a sofrimentos indesejados.

Equilibrado: qualidade gustativa dos vinhos, álcool e tanicidade, sua estrutura geral.

Escanção: o mesmo que sommelier.

Etimologia: estudo da origem e da evolução das palavras.

***Expert*:** perito, hábil, especialista.

Faia: árvore europeia (*Fagus sylvatica*).

Flavour: sabor e aromas simultâneos.

Flavouring: especiaria, produto aromatizante.

Fogo paulista: licor de ervas aromáticas elaborado com plantas, mel de abelha e ovos.

Fortificados: vinhos que levam destilado vínico em sua composição.

Frutais: traços perceptivos de algumas bebidas. Frutas frescas, secas, etc.

Fundente: substância utilizada para facilitar o processo de fusão.

Gás carbônico: substância que se encontra na atmosfera, utilizado industrialmente na carbonatação de bebidas.

Gastronomia: atividade interdisciplinar que envolve a descoberta, experimentação, degustação, pesquisa, prática e profundo conhecimento da arte culinária.

Gobelet: copo de vidro ou metal com haste e borda ampla. Em inglês, é chamado goblet.

Guarnição: numa refeição, o acompanhamento de um prato principal. Num coquetel, uma cereja, uma azeitona, uma casquinha de limão ou laranja, ou uma crusta. Num drinque, um guardanapo de apoio do copo, quando não for dotado de pé ou haste.

Halo: círculo que circunda em suspensão a superfície do vinho, na coincidência com a parede no bojo do copo. Quando inclinado levemente ocasiona a refração da luz e revela a chamada "unha" do vinho. Quanto mais claro, mais pronto estará para o consumo.

Harmonia: combinação de diferentes elementos individualizados, ligados por uma relação de pertinência, que produz uma sensação agradável e de prazer.

Harmonizar: é a função de combinar vinho ou alimento, nos quais os componentes não só são bem equilibrados, mas dão ao conjunto uma característica de firmeza e elegância.

Hedônico: relativo ao hedonismo. Segundo o *Dicionário Houaiss*, o hedonismo compreende cada uma das doutrinas que concordam na determinação do prazer como o bem supremo, finalidade e fundamento da vida moral, embora se afastem no momento de explicitar o conteúdo e as características de plena fruição, assim como os meios para obtê-la.

Ícone: símbolo que apresenta uma relação de semelhança ou analogia com o objeto que representa. Pode ser uma fotografia, uma estátua, um desenho. Por exemplo, dois talheres cruzados representam restaurante.

Intensidade: na linguagem enológica, durante o exame visual ajuda a reconhecer a intensidade das cores (claro, escuro) e, no exame olfativo, a avaliar os aromas (bastante intenso, intenso, ligeiro, sutil, fugaz).

Intermezzo: intermédio, intervalo, pausa.

Lapidar: operação de cortar, formar, facetar e polir pedras, cristais, vidros, etc.

Lead crystal: em inglês, cristal com chumbo.

Lei Seca: período em que a fabricação, transporte e comercialização de bebidas alcoólicas era ilegal. A proibição entrou em vigor nos Estados Unidos em 1920, e teve como consequência a fabricação clandestina e o contrabando. Foi abolida em 1933.

Leucopenia: diminuição da taxa sanguínea de leucócitos, ocasionada pela ingestão de chumbo.

Lima-da-pérsia (*Citrus aurantifolia*): árvore nativa da Índia e do sudeste da Ásia, de frutos esféricos amarelo-claros de mesmo nome, que têm polpa esverdeada e levemente amarga.

Lúpulo: planta trepadeira com pequenos cachos, utilizada na fabricação de cerveja, a que confere o característico gosto amargo.

Macerar: ato de moer, amassar ou pisar, para se extrair o suco. Vulgarmente, machucar a pimenta, a salsa, permanecendo todo o seu composto agregado.

Maciez: qualidade do que cede à pressão, é suave ao tato, ao paladar. Auxilia no exame gustativo da estrutura geral do vinho a classificação em áspero, brevemente áspero, macio, redondo, passioso e untuoso.

Maturidade do vinho: ponto ideal para consumo.

Mise-en-place: a mesa posta.

Nuance: diferença sutil entre coisas, mais ou menos similares, postas em contraste; sutileza.

Odores vegetais: traços perceptivos de alguns vinhos. Capim fresco, feno cortado, hortelã, tabaco, louro, musgo.

Olfato: sentido com que se distinguem os odores; cheiro, faro.

Paladar: função sensorial que permite perceber os sabores pela língua, e sua transmissão, através do nervo gustativo, ao cérebro, onde são recebidos e analisados.

Palatabilidade do drinque: qualidade que torna a bebida aceitável pelo espírito, aprazível ao paladar; degustável, saboroso.

Palato: céu da boca, abóboda palatina, paladar, apetite. Divisão óssea e muscular entre as cavidades oral e nasal.

Papila: nossa língua está coberta de papilas – formadas por dezenas de células gustativas – receptores sensoriais especializados em sentir sabor.

Pederneira: sílex, rocha dura, composta de sílica mais ou menos cristalizada, sob forma de quartzo, encontrada em meio a outras rochas calcárias.

Petisco: iguaria feita com apuro; gulodice, antepasto, aperitivo, pitéu, tira-gosto.

Plus: em inglês, sinal de adição (+), mais; abrasileirado, "algo mais".

Potência: qualidade característica dos vinhos tintos com graduação alcoólica mais elevada e concentração aromática nítida, sabor e cores fortes.

Potencializar aromas: soma de características como persistência, tipo de uva, graduação alcoólica alta, taninos, concentração aromática, região, colheita, etc., que podem intensificar os aromas de um vinho.

Quartzo: mineral importante formador de rochas, muito utilizado em diversos tipos de indústria.

Receptores gustativos: boca, língua, gengiva, palato, bochecha, papilas linguais.

Receptores olfativos: fossas nasais.

Retrogosto: ver *aftertaste.*

Retro-olfativo: gosto que permanece na boca depois da ingestão de uma bebida fermentada ou destilada.

Santo Colomba: nome de um famoso bar em São Paulo, construído em 1976 com acervo do material transportado da demolição da sede do Jockey Clube Brasileiro, edificado em 1912 no Rio de Janeiro.

Schnappes: termo de língua alemã de sentido genérico, usado para designar qualquer Brandy destilado de frutas fermentadas ou, ainda, de zimbro.

Sensações táteis: processo em que se utiliza o tato para conhecer o corpo, a forma, a consistência, o peso, a temperatura, a aspereza, etc., de outro corpo, produzindo uma percepção.

Sensorial: relativo aos sentidos do órgão central onde as sensações provenientes de diversos órgãos sensoriais se sintetizam, de modo a permitir a percepção de um objeto.

***Shape*:** forma; moldar, definir e determinar formas. Tomar jeito.

Side(r): em inglês, lado, lateral. Alguma bebida tomada simultaneamente a outra, de bases diferentes. Por exemplo, uma bebida fermentada com outra destilada, ou uma destilada com outra natural ou gaseificada; chasser, shooter, neat, side water, em inglês; a expressão usada no Brasil é realce.

Sílica: composto oxigenado do silício encontrado em minerais, areias e silicatos, usado na fabricação de vidros.

Sommelier (escanção): indivíduo especializado em bebidas alcoólicas em restaurantes.

***Speakeasy*:** bares e pontos de venda de bebidas alcoólicas nos Estados Unidos, na época da Lei Seca. Bares proibidos.

Spirit: nome que os antigos químicos deram aos produtos da destilação por sua primitiva volatilidade, conservado até hoje na expressão "espírito do vinho".

Spirit digest: sumário de bebidas destiladas.

Splash: solicitação adicional de uma bebida, acrescentada a outra de diferente natureza. Por exemplo, pode-se pedir: "Por favor um splash de Gim na minha caipirinha, para ficar mais seca".

Straight-up: drinque puro, em princípio sem gelo, mas que também pode ser servido gelado. Por exemplo, um Dry Martini pode ser on the rocks ou straight-up.

Suar o copo: método de gelar o copo, colocando gelo em seu interior, até que surjam elementos de vapor em suas paredes externas.

Tanino: 1) Elemento orgânico oriundo da prensagem e do processo vínico total, que se transforma em aromas e sabores identificados pela adstringência no tato. Utilizado como elemento químico na composição de papel e bebidas; 2) A casca de carvalho e sua madeira contém alta concentração de taninos e é adstringente; 3) Carvalho corticeiro e carvalho sobreiro de que se extrai a cortiça; 4) Cajueiro bravo – com casca espessa, semelhante à cortiça, porém mais duro; rico em taninos; 5) Angico ou corticeira-do-campo – casca rica em taninos e elementos medicinais, mel de primeiríssima qualidade usado para arrolhar vidros de pimenta em Minas Gerais por seu poder de expansão; 6) Cica – adstringente devido ao tanino presente principalmente em frutas verdes, mas também em maduras. Bons exemplos são a banana, a maçã, e especialmente o caju. Encontrada também em cachos e folhas vegetais.

Tapas: na Espanha, o mesmo que aperitivos, petiscos.

Taste: gosto, provar, experimentar.

Teor alcoólico: concentração de álcool de uma bebida, estabelecida segundo a Escala Gay-Lussac (°GL). Indica a porcentagem do volume de álcool da bebida em graus (°GL) nos rótulos dos vinhos e destilados.

Terroso: característica do solo e subsolo, mistura de cheiros de terra, seca e molhada, etc.

Tiro: tomar um drinque puro de uma só vez.

Torção: ver *twist.*

Trago: o que se traga ou bebe de uma só vez; gole.

Transparência: qualidade natural descritiva de um exame visual do vinho. Faz-se tentando ver uma folha de papel em branco com o copo inclinado a 45°.

Twist: torcer a casquinha de limão para guarnecer o Dry Martini; torção, virada.

Varietal: vinho produzido com predominância de um só tipo de uva.

Vermeil: acabamento em ouro em objetos de prata.

Vinho harmônico: combinação natural em que o açúcar, a acidez e o álcool, em conjunto com outros elementos, dão uma sensação agradável, alguma coisa como balanceado.

Virada: ver *twist.*

Voláteis: em química, o que se vaporiza à pressão e temperatura ambiente.

VQPRD: classificação de vinhos feita pela União Europeia (Vin de Qualité Produit dans une Region Determiné).

Xarope: o mesmo que dosage. Nos destilados como o Scotch, são usados como corretores de cor, feitos à base de caramelo.

Zesto: camada amarelada e odorífera da laranja ou do limão.

Bibliografia comentada

Cronologia do estudo de copos

A evolução da criação e do uso dos copos para as mais diversas bebidas e coquetéis é atestada pelo aparecimento de alguns livros que, em diferentes épocas, tornaram-se uma referência no assunto. Para que o leitor tenha uma ideia desse processo, apresentamos os títulos que consideramos mais interessantes, em ordem cronológica.

Professional Mixing Guide for the Bartender and Entertaining at Home. Esse manual prático da Angostura International Limited é distribuído comercialmente em todos os pontos de venda importantes e bares do mundo desde 1912 e soma mais de quinze edições até 1997. Em sua página 12, a edição de 1995 exibe o desenho de um copo de vinho, ao lado de um copo de Sherry e outro de Champanhe. Os demais copos ilustrados são: shot glass, old fashioned, highball, tom collins, cocktail, cordial, brandy, pilsner e mug/stein.

The Savoy Cocktail Book, de Harry Craddock. Criado pelo famoso *barman* do Hotel Savoy de Londres, foi publicado nessa cidade por Constable & Company Ltd., pela primeira vez, em 1930. Trata-se de um dos maiores clássicos da coquetelaria contemporânea no mundo. Contém um capítulo sobre vinhos e descreve, de passagem, Champanhes, Bordeaux, Burgundy, Hock e Mosele, Porto e Sherry como se estivessem à mesa, não apresentando nenhuma ilustração para copos de bar ou vinho.

Cocktail and Wine Digest: Encyclopedia & Guide for Home & Bar, de Oscar Haimo. Este livro foi publicado pela primeira vez em Nova York, no ano de 1932, pela International Bar Manager's Association, instituição que o autor chegou a presidir. Faz referências a vinhos, classificando-os em appetizer wines, red table wines, white table wines, sweet dessert wines, sparkling wines. É interessante ressaltar, a propósito, que o texto ainda cita o Champanhe como vinho de mesa. Oferece uma apresentação única e maravilhosa de 23 copos de bar com suas fotos, embora sem descrição de uso para copos de vinho. Os copos apresentados são: champanhe cut down coupe, standard champanhe coupe, brandy inhaler, absinthe drip, old fashioned, delmonico, high ball, tall ou tom collins, california cocktail, whisky, cordial ou pony, brandy liner, sherry ou port, claret ou red wine, white wine, rhine wine, beer, zombie, peach champanhe, larger decanter, water goblet, large pitcher, frosted punch cup, tom & jerry e silver mug.

Old Mr. Boston – De Luxe Official Bartender's Guide. Organizado e compilado por Leo Cotton, foi publicado pela primeira vez em Boston, por Mr. Boston Distiller Ind., em 1935. Sucessivamente reimpresso, alcançou a 47ª edição em 1969, que utilizamos como referência. A 67ª edição, publicada em Hoboken por John Wiley & Sons, em 2008, foi atualizada por Anthony Giglio. Este manual, provavelmente o mais antigo e respeitado dos Estados Unidos no segmento, apresenta, na edição de 1969, em uma visão artística da coquetelaria americana, os copos port, beer goblet, pony, egg nogg, claret, pilsner, beer stein, delmônico, sherry, whiskey sour, whiskey, highball, old fashioned, cup, hot toddy, flip, champagne saucer, cocktail, cordial, fizz, stem, rhine wine, brandy inhaler, tom collins, hollow stem champagne.

Le Barman Universel, de P. Dagouret. A primeira edição dessa famosíssima obra – publicada na França em 1948 pela Editions Flammarion – apresenta, em sua terceira parte, denominada "Vins et alcools", uma classificação dos vinhos franceses que inclui, entre outros, os de Bordeaux (rouge e blanc), Bourgogne (rouge e blanc) e os da região Champagne. Menciona também alguns vinhos estrangeiros da África, da Madeira, das Américas, Austrália, Alemanha, Áustria, Espanha, Grécia, Hungria, Itália, Portugal, Iugoslávia, além de diversas águas minerais e estações termais francesas e estrangeiras. Descreve a "caxaça",

como "forte eau-de-vie de canne à sucre consommée par les noirs et mulâtres brésiliens" e oferece mais de quatrocentas receitas de coquetéis. O livro faz referência ligeira somente à taça de Champanhe, ao copo de Sherry e ao taster de Conhaque, mas não fala sobre copos de vinho. Em suas páginas iniciais, apresenta um *tableau de verres*, constituído por dezesseis copos de bar:

I Cocktails, de Luigi Veronelli. Clássico do gênero publicado por Rizzoli Editore em Milão, no ano 1963. O livro não faz referência, em sua primeira edição, nem a vinho nem a copos. Apresenta aproximadamente seiscentas receitas de coquetéis, e utiliza ícones para indicar, no modo de preparo das receitas, cinco tipos de copo: cocktail glass, sherry, tumbler, champagne coupe e toddy.

Tratado practico de cocteleria, pasteleria y afines, de Mário Kardahi e Enzo Antonetti. Em sua primeira edição – publicada em Buenos Aires pela Editorial Scorpio, no ano de 1966 –, o livro não faz referência a vinhos, porém descreve, no tópico "La cristaleria", a tulipa de Champanhe, copos para Conhaque, a taça de Champanhe, copos de vinho tinto, generoso e para Sherry.

Wine and Spirits, de Alec Waugh. A primeira edição, publicada nos Estados Unidos em 1968 pela Time-Life Books, aborda vinhos e espíritos. O autor apresenta cinco copos de bar (whisky sour, long drink, old fashioned, stem cocktail e whisky glass), além de utensílios para o preparo de drinques. Relaciona também quatro copos de vinho (all purpose de 6, 8 e 12 onças, para vinhos tinto, branco e rose, além de um para vinhos do Reno e Mosele) e, ao lado deles, um copo apropriado para Sherry e outro para licores e conhaques (de 6 e 10 onças). No encarte intitulado "Recipes, Equipment and Techniques", inclui mais um copo de vinho e cita mais de cem receitas de drinques, incluindo alguns que têm o vinho como ingrediente.

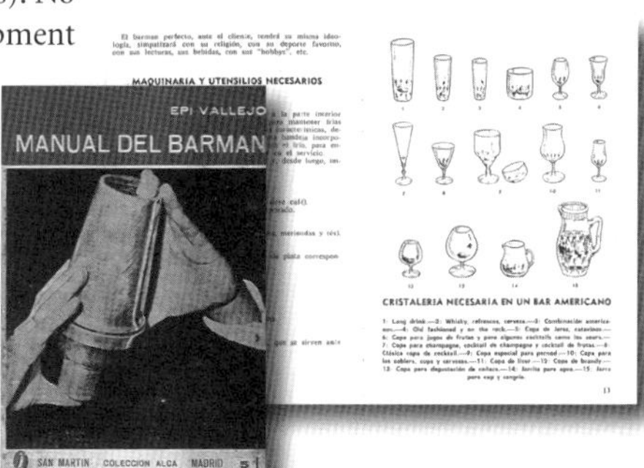

Manual del barman, de Epifanio Vallejo. A terceira edição, publicada em Madrid em 1973 pela Libreria y Editorial San Martin, não faz referência alguma a vinhos. Em sua lista de cristaleria o autor sugere quinze copos, apresentando inclusive os de Jerez, Champanhe, Brandy, copo para degustação de Conhaque e jarra para cup e sangria.

The Pocket Bartender's Guide, de Michael Jackson. Na primeira edição – publicada em Londres por Mitchell Beazley Limited, em1979 –, o conhecido autor descreve e ilustra, no capítulo Serving drinks, catorze copos de bar, além de um para vinho tinto e outro para vinho branco.

O Ritual do Vinho, de Mauro Corte Real. Publicado no Brasil em 1993, chegou à quarta edição em 1999 pela AGE Editora, de Porto Alegre. O autor apresenta copos para licores, vinhos fortificados ou generosos, copos para vinhos especiais e destilados, Jerez, cognac, marc e aguardantes velhas, além de três modelos de tulipas e balão.

International Bartender's Guide. A última edição – publicada em Londres pela Random House no ano de 1997 – apresenta desenhos e cita em linhas breves vinhos fortificados (Sherry, Port, Madeira) e vinhos de mesa "red, white and rose", secos, doces e semidoces. Apresenta 1.200 receitas de coquetéis para serem servidas em 24 copos de bar: beer mug, champanhe flüte, holle stem champagne, pilsner beer glass, beer goblet, champagne saucer, champagne tulip, large collins, small collins, small brandy snifter, balloon snifter, shot glass, irish coffee, punch cup, cocktail glass, pousse-café, old fashioned, highball, cordial, white wine, sour glass, fizz glass, red wine, sherry glass.

The New American Bartender's Guide, de John J. Poister. A última edição, publicada em Nova York no ano de 1999, oferece 2.300 receitas de drinks. Fala, em poucas linhas, sobre "table wines, desert wines and sparkling wines", enfatizando suas virtudes como elementos da mixologia. No capítulo "How to make a good drink every time" relaciona e descreve doze copos para bar, sem contudo ilustrá-los: shot, pony, cocktail, highball, collins ou chimney, old fashioned, double old fashioned, whisky sour, all-purpose balloon, sherry e brandy snifter.

Guia internacional do bar, de Michael Jackson, publicado pela editora Abril em 1980, é a versão brasileira de *Michael Jackson's Pocket Bar Book*, lançado em 1979 por Mitchell Beazley Publishers Limited, nos Estados Unidos. No capítulo "Como montar seu bar", ilustra e descreve o uso de dezesseis copos, assim designados: coquetel, old fashioned, highball, collins, sour, ballon, sherry, licor, pousse-café, snifter, tulipa de champanha, taça grande de champanha, taça de champanha, vinho branco, vinho tinto, toddy.

How to Enjoy Wine, de Hugh Johnson, foi publicado em Nova York por Simon & Schuster em 1985. Lançado no Brasil no mesmo ano pela Ediouro, do Rio de Janeiro, sob o título *Como apreciar vinhos*, apresenta dez copos com haste, apontando suas destinações. O autor frisa três exigências relacionadas ao uso desses copos: bojo transparente, não colorido; dimensões razoáveis, para que possa conter uma boa dose, sem que seja necessário enchê-lo até a borda; diâmetro da boca menor do que o do bojo.

Wine from Grape to Glass, de Jens Priewe, foi inicialmente publicado em Munique, por Zabert Sandmann Verlag, em 1998. A versão em inglês foi lançada no ano seguinte, por Abbeville Press, em Nova York. Em minha opinião, é o mais completo e detalhado livro no que se refere a copos de vinho e seu conteúdo. Apresenta seis copos diferentes para servir seis variedades dessa bebida: Champanhe e espumantes, vinhos brancos leves, vinhos brancos encorpados, vinhos tintos com baixo teor de tanino, vinhos tintos com alto teor de tanino, vinhos tintos encorpados.

Larousse do vinho. Lançada inicialmente na Espanha, em 2002, essa enciclopédia comenta na versão brasileira, publicada em 2003 pela Larousse do Brasil, em capítulo intitulado "O seviço dos vinhos", a importância de observar a forma, dimensões e materiais de que são feitos os copos, apresentando fotos de seis deles, assim como sua destinação: copo para vinho branco, para Bordeaux, Borgonha, flüte para Champanha, Porto ou Xerez, copo para degustação padrão Inao (Institut National des Appellations d'Origine).

O curso do vinho da Maison Forrestier. De autoria de João Giugliani Filho e José Oswaldo Amarante, essa apostila mostra, por meio de desenhos, copos apropriados para Bordeaux, branco e tinto, Borgonha, Alsace, Anjou, flüte e taça para Champanhe, Porto, Xerez, cálice de Conhaque, balão e copo de prova ISO.

The craft of the cocktail, de Dale Degroff, foi publicado em Nova York por Clarkson Potter Publishers no ano de 2002. Neste livro, Degroff relaciona dezoito copos de bar e de mesa, apresentados em fotografias: red wine balloon, red burgundy, white wine, london dock, martini, shot, highball, chimney, rock ou old fashioned, brandy snifter, whiskey tasting, frappé, champagne flüte, art deco champagne flüte, ninetenth century absinthe glass, irish coffee, specialty glass e hot toddy mug. Uma das maiores contribuições que oferece para a compreensão da história e evolução dos copos é a referência que faz a dois autores: Harry Johnson, cujo livro *New and Improved Illustrades Bartender's Manual or How to Mix Drinks of the Present Style*, publicado em 1888, apresenta seis diferentes copos para vinhos, cinco para cerveja e treze para drinques; e Patrick Gavin Duffy´s que, em *The Official Mixer's Manual*, publicado em 1934, relaciona 36 copos em sua lista de copos.

Bibliografia

ANCHOR HOCKING FOOD SERVICE. Glassware Division. Technical Design Exibition. Visita às instalações da empresa em Lancaster, 1972.

ASSOCIAÇÃO BRASILEIRA DE SOMMELIERS. Material Didático referente aos cursos: Avançado de degustação de vinhos (2000); Tradição, conhecimento e práticas de vinho (2001); e Compatibilização enogastronômica (2001).

BAR AND COCKTAIL BOOK. Reed International Books, 1994.

BERG, O. van den. *Step by Step: 50 Classic Coctails*. Smithmark Publisher, 1996.

BORGES, Euclides Penedo. *ABC ilustrado da vinha e do vinho*. Rio de Janeiro: Mauad, 2004.

BRADFORD, S. *The Story of Port, the Englishman's Wine*. MacMillan, 1973.

BRENNER, F. *500 Recipes: Coctails & Mixed Drinks*. Hamlyn Publishing, 1964.

BUCHANAN'S DESTILLERY – GLENTAUCHER. Visita à destilaria, situada em SpeySide, 1978.

BUSCHE-SIEVERS, U. *Kneipen, Pubs und Restaurants*. Callwey/Hatje, 1973.

CHARLESTON, R. J. *English Glass and the Glass used in England Circa 400-1940: English Decorative Arts*. Unwin Hyman, 1984.

CHRISTO, M. E. L. *Fogão de lenha*. Rio de Janeiro: Vozes, 1977.

CONRAD III, B. *Absinthe: History in a Bottle*. Chronicle Books, 1988.

________. *The Martini*. Chronicle Books, 1995.

CORNNING MUSEUM OF GLASS. Elements of Industrial Glass. Visita ao museu, 2002.

COTTON, L. *Old Mr. Boston – De Luxe Official Bartender's Guide*. Mr. Boston Distiller Ind. Boston, 1969.

CRISTALLERIE DE BACCARAT. Museu Baccarat. Visita ao museu, 1969.

D. KLEIN, D. & Lloyd, W. *The Story of Glass*. HarperCollins, 1984.

DAICHES, D. *Scotch Whisky: Its Past and Present*. MacMillan Co., 1969.

DARTINGTON CRISTAL. Visita à empresa, localizada em Devon, 1998.

DAUVEN, L. R. *Le Livre des Coctails*. Solar, 1976.

DISTILLERS COMPANY LIMITED. Visita à destilaria, situada em Edimburgo, 1978.

DOBLIN, J. *One Hundred Great Product Design*. Van Nostrand, 1970.
DOXAT, J. *The Book of Drinking*. The Hamlyn Publishing Group Limited, 1973.
EDWARDS, G. & S. *The Dictionnary of Drink*. Tiger Books International, 2007.
ESQUIRE'S HANDBOOK FOR HOSTS. Londres: Frederick Muller Ltd. Publication, 1954.
FADEMAN, C. & S. A. *The Joys of Wine*. Harry Abrams, 1975.
FEIJÓ, A. & MACIEL, E. *Cachaça artesanal: do alambique à mesa*. Rio de Janeiro: Editora Senac Rio, 2002.
GALVÃO, S. *Tintos e brancos*. São Paulo: Ática, 1992.
GAUNTNER, J. *The Saké: a Connoisseur's Guide*. Running Press Book Publishers, 2000.
HESKETH, J. *Industrial Design*. Thames and Hudson, 1980.
HEUBLEN INTERNATIONAL DEPARTAMENT. Rules and Regulations of Scotch Whisky – Manual, Reports and Notes. Londres, 1978. Visita à sede.
HOGG, A. *Cocktails and Mixed Drinks*. The Hamlyn Publishing Group Limited, 1979.
HOUAISS, A. *A cerveja e seus mistérios*. São Paulo: Salamandra, 1976.
JACKSON, M. *The English Pub*. Jackson Morley Publishing, 1976.
JACOB, H.E. *Seis mil anos de pão*. São Paulo: Nova Alexandria, 2003.
JAGUAR. *Confesso que bebi – Jaguar de bar em bar. Memórias de um amnésico alcoólico*. Rio de Janeiro: Record, 2001.
JAMES BUCHANAN'S & CO. Scotland Common Beverages Bottles and their Production. Visita às instalações da empresa em Glasgow, 1978.
JEFFORD, A. *101 dicas sobre o vinho que você precisa saber*. São Paulo: Mandarin, 2000.
JOHN SOMMERS ESTANHOS. Visita à empresa, em São João Del Rei, 1996.
JOHNSON, H. *A história do vinho*. São Paulo: Cia das Letras, 2001
________. *Wine Companion*. Mitchell Beazley, 1987.
________. *World Atlas of Wine*. Simon & Schuster, 1983.
LANGE, T. & FORTY, J. *Beers*. São Paulo: Nobel, 1998.
LAROUSSE GASTRONOMIQUE. Larousse, 1955.
LIBBEY CORPORATION. Visita às instalações da companhia, em Ohio, 1972.
MARCIALIS, G. & ZINGALES, F. *The Cocktail Book*. Mondadori, 1979.
MARIACHER, G. *Italian Blown Glass from Ancient Rome to Venice*. McGraw-Hill, 1961.
MARIO, T. *Playboy's, Host & Bar Book*. Castle Books, 1971.
McNULTY, H. *Drinking in Vogue*. André Deutch, 1978.
MELO, J. *A cerveja*. São Paulo: Publifolha, 2000.
MOET CHANDON GUIDE A HAUT VILLERS. Visita às instalações da empresa, 1972.
MUSEUM OF MODERN ART – Design Collection. Nova York, 1985. Catálogo e visita.
NATIONAL BREWING COMPANY. Bar Division. Visita às instalações da empresa, em Baltmore, 1972.
O ESPLENDOR DO VIDRO. Cristais Fratelli Vita. Pinacoteca do Estado de São Paulo. Catálogo e visita à exposição, 2000.

OLIVER, R. *La gastronomie à travers le monde*. Hachette, 1963.
ORREFORS GLASBRUK. Catálogo. 1992.
PEYNAUD, E. *Lê gout du vin*. Dunod, 1973.
POLAK, E. *Glass, its Makers and its Public*. Littlehampton Book Services, 1975.
PRADO, B. L. A. *Dicionário do Whiskey*. Mestre Jou, 1975.
PRESSOIR ET VIGNOBLES EN BOURGOGNE. Conseil Regional de Bourgogne. Visita aos vinhedos e prensas da região, 1969.
READ, J. *Sherry and the Sherry Bodegas*. Sotheby´s, 1998.
RENTON, D. *Dorchester Hotel Cocktail Book*. Weindenfeld & Nicolson, 1988.
RIEDEL GLASS. Catálogo e visita às instalações da empresa em Kufstein, 1972.
ROQUE, C. *Histórias de Barman*. Terra Dorea, 1998.
ROSA MARIA. *A arte de comer bem*. H. Leonardos, 1938.
SANTOS, S. de P. *O vinho, a vinha e a vida*. São Paulo: L&PM, 1995.
________. *Vinhos*. T.A. Queiroz, 1972.
SCHUMAN, C. *American Bar: the Artistry of Mixing Drinks*. Abbeville Press Publishers, 1995.
SEIDLS, C. *O catecismo da cerveja: o papa da cerveja responde a todas as perguntas sobre a loura gelada*. São Paulo: Editora Senac São Paulo, 1999.
SOUZA, D. de. *Drinks de mestre: receitas oficiais da International Bartender´s Association (IBA)*. São Paulo: Ática, 1996.
ST. PIERRE, B. *A Perfetc Glass of Wine: Choosing, Serving and Enjoying*. Chronicle Books, 1996.
STATUS BAR. São Paulo: Editora Três, 1979.
STEUBEN CRYSTAL. The New Steuben Gallery. Nova York. Catálogo e visita, 2000.
THE ART OF MIXING DRINKS. Bantam Books, 1957.
THE INTERNATIONAL BARTENDER´S GUIDE. Randon House, 1997.
VINCENT, J. D. & AMAT, J. M. *Por uma nova fisiologia do gosto*. São Paulo: Editora Senac São Paulo, 2006.
WINES AND SPIRITS. Time Life Books, 1974.

Índice de receitas de drinques

Absinto, 265
Batida de Cachaça com Limão, 243
Batida de Pitanga, 244
Bebida pura, 234, 246, 247, 270, 294, 295
Bellini, 296
Black Velvet, 297
Bloody Mary, 263
Bronx , 277
Burgundy Cobbler, 284
Cachaça, 246
Caipirinha de Limão, 248
Clericot de Frutas Vermelhas, 285
Conhaque puro, 274
Cosmopolitan, 266
Daiquiri, 238
Death in the Afternoon, 301
Dry Martini, 258, 267, 278
Gibson, 258, 280
Gim on the Rocks, 253
Gim-tônica, 240
Grogue, 261
Horse Neck, 241
Irish Coffee, 262
Jerez Sour, 293
Kir, 298
Kyr ou Kyr Royale, 299
Manhattan, 258, 282
Margarita, 271
Martini Port, 275
Mimosa, 300
Mint Julep, 259
Negroni, 250
Old Fashioned, 251
Piña Colada, 273
Pink Gim, 269
Pizzetti (Hotel La Poste Cortina), 302
Planter´s Punch, 235
Ponche, 237
Porto Flip, 292
Rhine Wine Spritzer, 286
Ritz Fizz, 287
Rusty Nail, 254
Sangria I (marinada), 288
Sangria II, 289
Scotch on the Rocks, 255
Suco de Tomate Temperado, 257
Tequila Sunrise, 245
Tom Collins, 236
Vin Chaud à l´Orange, 291
Vin Chaud (Glühwein), 290
Vodca on the Rocks, 256
Whisky & Soda, 242
Whisky Sour, 239

Índice remissivo

Absint drip, 117, 118
Absinto, 118, 225
Acidez, 27
Adoçantes, 42, 47
Adstringência, 192, 303
África do Sul, 211, 232
After dinner, 303
Aftertaste, 44, 45, 303
Agente modificador, 43, 44
Água, 61, 62, 64, 66, 118, 140, 150, 152, 223
Água com gás, 67
Água de coco, 154
Água filtrada, 66
Água mineral, 67, 102
Água morna, 221
Água tônica, 88
Aipo, 61
Álcool, 27, 148, 191, 192, 194, 195, 205, 211, 214, 223, 225
Álcool de cana, 232
Ale inglesa, 151
Alemães do Reno ou da Mosela, 202
Alexander, 37
Alexandria, 18
Alimentos, 64, 219
All purpose, 27
All purpose balloon glass, 27-28
All purpose goblet, 140, 284
Alsace, 201
Alsácia, 167, 178, 202, 208
Amargos, 60, 212, 225, 226
American Bar do Savoy, 36
Americano, 39
Amerpicon, 225
Amônia, 151
Amostras de vinhos, 132, 185
Análise sensorial, 181, 185, 303
Anatomia humana, 30, 102
Angostura, 60
Anis, 225
Anjou, 208, 209
Antonetti, Enzo, 42, 43, 317
Aparência do drinque, 44
Aperitivo, 39, 51
Aperol, 225
Aquavita, 225, 234
Aquavita ou vodca, 73, 74
Arak, 225
Areia, 21
Armagnac, 148, 225
Aroma, 26, 136, 151, 152, 177, 191, 194
Aromas primários, 194
Aromas primários e secundários, 194, 203
Aromas primários ou da uva, 194
Aromas secundários da vinificação, 194
Aromas terciários ou buquê, 194
Aromas terciários ou de redução, 305
Aromáticos, 206

Aromatizados, 51, 52
Art Déco, 304
Art glass, 23
Art Nouveau, 31
Arte da coquetelaria, 13, 25, 26, 42, 52
Asbach, 225
Associação Internacional de Bartenders (IBA), 43, 249
Assurbanipal, 18
Atração Fatal, 88
Augusto, 18
Ausência de bolhas, 34
Avaliação de um drinque, 44-45

Bacardi, 37, 225
Baccarat, 30, 31, 33
Bad boy, 268, 304
Bailarina, 55
Balcão do bar, 117, 136, 304
Balão, 140, 155, 284
Ballon, 27, 140, 141, 155, 178, 284, 285, 286, 287, 288, 289, 290, 291, 318
Balsâmico, 61
Baratos da Califórnia (vinhos), 202
Barbera, 214
Barman, 30, 43, 52, 54, 59, 64, 67
Barolo, 201, 214
Barra do bar, 45, 201, 304
Barrilha, 21, 304
Barsac, 217
Bartenders, 34, 64
Base, 43, 73, 88, 191
Batidas, 55, 88, 304
Batidas longas, 88
Batidos, 45
Beaujolais, 201, 208
Beaujolais Nouveau, 201
Bebidas, 25, 30, 52, 55, 59, 60, 74, 102, 115, 152, 219, 303, 311
Bellini, 49, 296
Benedictine, 225
Best-seller, 38, 304
Between the Sheets, 37
Bicarbonato de sódio, 67
Bitters, 225, 226
Black Velvet, 49, 152, 297
Blended whisky, 226
Bloody Mary, 38, 39, 61, 112
Blown glassware, 23
Boa mesa, 219
Boca, 44, 191, 192, 205, 215
Bock, 151
Boêmia, 32
Bojo, 80, 115, 140, 169, 177, 191, 209, 214, 217
Bojo do copo, 115, 118, 146, 154, 191, 202, 308
Bojudo, 27
Bolinha, 155
Bons Crus de Chablis, 205
Borda, 66, 69, 73, 112, 115, 121, 140, 174
Borda aberta, 169
Borda arredondada, 193, 304
Borda do copo 26, 62
Borda estreita, 132
Borda facetada, 193
Borda larga, 169
Bordeaux Claret, 167
Bordeaux Gran Crus, 201
Bordeaux jovens, 201
Bordeaux maturados, 201
Borgonha, 205, 208, 211
Borgonha Aligotée, 298, 299
Boston shaker, 54
Bourbon whisky, 226
Bourgogne gran cru, 27
Bowls, 50, 82
Brancos espanhóis, 202
Brancos leves e secos, 203
Brandy snifter, 117, 148, 167, 294, 318
Brilho, 34, 191, 305
Bronx Cocktail, 35
Brunello, 214
Brut, 166
Bulbo olfativo, 191
Bull Shot, 38, 112
Buquê, 25, 177, 194, 214, 305

Cabernets do Chile, 211
Cachaça, 155, 226
Caipirinhas, 55, 94, 305
Caipirinhas especiais, 88

Cal, 21
Caldas, 60
Caldeireta, 154
Cálice, 127
Cálice de vinho na liturgia católica, 178
Calisay, 226
Calpi, 30, 31, 33
Calvados, 226
Campari, 226
Campeão do mundo de coquetelaria, 43
Caneca dente de piranha, 155
Capacidade olfativa, 194, 305
Carbonato de potássio, 21
Cardamomo, 61, 305
Caribenha, 37
Carro-chefe, 112
Carvalho, 132, 148, 205
Cascas, 52, 60, 61
Cava, 166
Cervejas, 151, 153
Cevada, 150, 305
Chablis, 201
Chaminé, 212
Champagne Cocktail, 37, 39
Champagne coupe, 39, 168, 169, 295
Champagne flüte, 168, 171, 296
Champagne tulipe, 296
Champanhe, 52, 115, 167, 169, 174, 201, 221, 226
Champanhe doce, 166, 167
Champanhe rosado, 208
Champanhes, 49
Champanhes secos, 167, 169, 171
Chardonnay, 201
Charleston, 36
Chartreuse, 229
Chaser, 46
Cherry brandy, 226
Chianti clássico, 201
Chiantis, 211
Chinesa, 37
Chope, 151, 152, 153, 154, 305
Choque térmico, 202, 305
Choro, 305
Choro para o santo, 155, 306
Christofle, 33
Chumbo, 23, 106, 177, 306
Cidra, 226
Cinza, 21
Cítricas, 57
Clara de ovo, 57
Clarete, 226
Clássicos da coquetelaria, 37
Cloro, 64
Club soda, 46, 47, 48, 235, 236, 237, 242, 251
Coador, 54, 136
Cobbler, 46
Cocktail, 35, 37, 39, 40, 41, 52, 94
Cocktail glass, 39, 40, 94, 117, 121, 266
Cognac, 132
Cointreau, 226
Coladas, 46
Colher de bar, 55
Colher misturadora, 136
Colheres, 52
Collins, 46
Collins ou tall, 73, 80, 235
Colore, 43
Componentes aromáticos e voláteis do vinho, 193
Componentes minerais e do solo, 195
Componentes vínicos, 195, 306
Conhaque (Brandy), 226
Conhaque de maçã, 226
Conteúdo dos copos de bar, 42
Contraste, 34, 309
Coolers, 51, 80
Copita, 117, 146, 293
Copo, 13, 25, 55, 94
Copo collins, 49, 235, 236
Copo de cristal, 33, 185, 191
Copo de mistura, 30, 45, 54, 66, 80, 136
Copo de provas, 185
Copo de serviço, 80, 136
Copo highball, 69
Copo ISO, 183
Copo nº 1 – Vinho branco seco leve sem aroma definido, 195
Copo nº 2 – Vinho branco seco encorpado e vinho branco seco aromático frutado de meio corpo, 195

Copo nº 3 – Vinho rosé e vinho tinto seco jovem e fresco, 195
Copo nº 4 – Vinho tinto seco comum e vinho tinto seco semiencorpado por evoluir, 196
Copo nº 5 – Vinho tinto seco encorpado concentrado e vinho tinto seco de safras muito especiais para guarda, 196
Copo nº 6 – Vinhos doces naturais, 196
Copo old fashioned, 26, 68, 98
Copo on the rocks, 40, 98
Copo para vinho branco, 40
Copo para Champanhe, 295
Copo tumbler, 48, 234, 235, 236, 237, 238, 243
Copos, 221
Copos com borda, 115, 117
Copos com pé, 27, 71, 112, 115
Copos curtos, 55
Copos de bar, 14, 52, 71, 80
Copos de cerveja, 150, 153
Copos de champanhe, 166
Copos de espumantes, 329
Copos de mesa, 14, 177, 197
Copos de vinho, 27, 28, 140, 201
Copos sem pé, 71, 73
Copos stemmed ou footed, 115
Coquetéis de champanhe, 49
Coquetel, 35, 37, 54, 55, 57, 59, 60, 66, 136
Coquetelaria, 14, 30, 52, 54, 61, 64, 67
Coquetelaria clássica, 70
Coqueteleira, 35, 51
Cordial, 117, 127
Cordial medoc, 226
Corning, 32
Corte, 22, 191, 306
Costa de Alicante, 21
Côte de Provence, 209
Coupe, 174
Coupette, 117, 130, 271
Cowboy, 90, 155
Craddock, Harry, 36, 315
Cravo-da-índia, 60, 61
Crémant, 166, 167
Creme de cassis, 227
Cristais Hering, 33
Cristais Prado, 32
Cristal, 19, 23, 27, 33, 177, 221
Cristal de chumbo, 23, 32, 33
Cristalerias, 22, 31, 33, 102, 201, 303
Cristallerie Strauss, 33
Cristallos, 21
Crus Classe de Bordeaux, 214
Crushed ice, 64
Crusta, 40, 62
Crusta de sal, 57
Cuba Libre, 88
Cultura, 153, 197, 219
Culturas ocidentais, 219
Cup, 47, 70, 73, 82
Curaçau, 227
Cynar, 50, 155

Daiquiri, 37, 39
Daisy, 47
Dartington, 30, 33
Dash, 70, 306
Definição de coquetel, 42-45
Degustação, 27, 59, 71, 80, 88, 98, 115, 121, 134, 146, 151, 177, 181, 189, 195, 201
Degustação técnica, 148, 193
Delgados, 148, 306
Delmônico, 39, 41
Delmônico ou sour, 73, 84, 238
Des Pays (Vin), 140
Des Table (Vin), 140
Design, 27, 29, 80, 102, 145, 153, 168, 201, 304, 306
Destilado de uva envelhecido, 132
Detergente, 221
Deutsche Weininstitut (DWI), 181
Diâmetro da borda, 192, 206, 214,
Diapasão, 34
Digestivos, 39, 127
Diurética, 152
Dolcetto, 208, 209
Dosage, 66, 167, 306
Dose brasileira, 70
Doses, 67

Double Scotch on the Rocks, 98
Draft Beer, 152, 306
Drinque, 39
Drinque morno, 66
Drinque robusto, 112
Drinques alcoólicos, 46
Drinques curtos, 45, 66, 130
Drinques longos, 45, 71, 86, 88
Drinques mexidos, 45
Drinques misturados, 45
Drinques não alcoólicos, 49
Drinques opacos, 54, 307
Drinques sour, 84
Dripper, 118, 307
Dry Martini, 35, 39
Durand, 31, 33

Eberard, Francisco Antonio, 32
Edinbourgh, 33
Edwards, Graham, 25
Edwards, Susan, 25
Egg Nog, 39, 47, 57, 61
Egito, 17
Embaçamento, 258
Enogastronomia, 303, 307
Enológica, 190, 308
Entre-deux-mers, 202
Equipamentos, 39, 52, 55
Ervas, 51, 52, 60, 61
Escumadeira, 55, 136
Especiarias, 51, 61, 190
Espumantes, 49, 52, 115, 166, 167, 295
Estanho, 106, 150
Estúdios, 33, 201
Etimologia, 127, 307
Europeus, 25, 67
Expert, 307
Exposição de Artes Decorativas, 121

Facetada, 27, 71
Famílias, 71
Fenícios, 17
Fernet, 50, 155, 228
Fichas de avaliação, 183
Filtros, 52
Fios, 191
Fizz, 47
Flauta, 154
Flavour ou aroma, 43, 44
Flips, 47, 59
Florença, 31
Flores, 51
Flores e frutas, 194
Flüte, 154
Fogo Paulista, 307
Footed, 71, 115, 117
Formas, 22, 23, 25, 304
Fortalecidos (vinhos), 201
Fortificados, 307
Frappé, 47
Frascati, 202
Fratelli Vita, 32, 322
Frescor dos aromas, 206
Frisante, 166
Frozen Margarita, 130
Frutas, 45, 51, 52, 55, 57, 190, 206, 212, 217
Frutuosidade, 209
Fundente, 21, 307
Fundente de soda, 21

Gallon, 70
Garoto, 154
Gás carbônico, 192, 286
Gasosa, 67
Gelo, 64
Gelo moído, 62, 66
Gelo picado, 55, 64
Gengibre fresco, 61
Gewurstraminer da Alsácia, 205
Gibson, 39
Gim, 38, 42, 44, 84, 98, 167, 228
Gim Fizz, 37
Ginger Ale, 50
Ginger Beer, 37
Glasswort, 21
Glühwein, 51, 290
Gosto, 192, 212
Gosto das bebidas, 41
Gosto dos alimentos, 194
Gotas, 191
Gravação, 22, 102

Grenadine, 60, 228
Grogue, 47
Guarnição, 308
Guarnições comestíveis, 57
Gustação, 41

Haimo, Oscar, 42, 43, 316
Hand blown, 22
Hannover, 154
Hedonismo, 308
Hermitage, 201, 205, 214
Highballs, 47, 86
Highball large, 41, 73, 86
Highball small, 73, 88, 243
Hipócrates, 51
Hipocraz, 51
Historia naturalis, 17
Horse Neck, 47
Hot drinks, 48
Hot Toddy, 40

IBA, 249, 323
Ícone, 308
Ilha de Murano, 19
Institut National des Appellations d'Origine des Vins et Eaux de Vie (Inao), 181
Instituto do Vinho do Porto (IVP), 183
Instituto Nacional de Denominaciones de Origen (Indo), 181
Intensidade dos aromas, 26, 27, 194, 195, 205
Intermezzo, 308
International Organization for Standardization (ISO), 183, 185
Irish Cofee, 154
Italianos do Friuli, 202

Jack Rose, 37
Janelas, 191
Janelas de vidro, 18, 19
Jarras com medida, 55
Jerez, 117, 134, 146, 293
Jigger, 70
Jigger ou shot, 73, 90, 246
Johnnie Solon, 35
Juleps, 48, 55

Kabinett, 202, 205
Kentucky, 94, 226, 252
Kir, 49
Kir Royale, 40
Kosta Boda, 32, 33

Lager, 151
Lágrimas, 191
Lalique, 31, 33
Lalique, René, 31
Lapidação, 23, 34
Large balloon snifter, 117, 132
Large champagne saucer, 168, 174
Largura do bojo do copo, 206
Late Harvest, 217
Lead Crystal, 309
Lei Seca, 36, 52, 94, 309, 311
Licores, 51
Lima-da-pérsia, 61, 309
Liqueur, 127
Liquidificador, 55
London dock, 117, 134, 167
Long, 317
Louisville, 94
Luís XIV, 20
Lúpulo, 150, 151, 309
Lustro, 34

Macerar, 309
Maciez, 34, 309
Madeira, 51, 229
Madeira de faias, 21
Magnésio, 21
Mai Tai, 40
Maiwein, 51
Manhattan, 37, 40
Margarita, 39
Marsala, 134, 146, 167, 230
Marsanay, 208
Marsanay Rosé da Borgonha, 209
Martelinho, 90, 155
Martinez, 35
Martini Port, 275
Maturidade do vinho, 309

Medidas, 54, 67, 70
Medidores, 55
Menta fresca, 61
Mersault, 201, 205
Mesopotâmia, 17
Mexidos, 45, 46, 136
Microorganismos, 151
Mimosa, 37, 49, 300
Miniature, 70
Mint Julep, 37
Mis-en-place, 45
Mist, 48
Misturadores, 52
Mixing glass ou copo de mistura, 121, 277
Mixologia, 318
Moda, 14, 198
Moído, 62, 64, 66
Mojito, 40
Molho inglês, 61
Molhos, 60
Montados, 45
Montrachet, 201, 205
Monumento Azul, 150
Moscatel de Málaga, 217
Moscato, 166, 201
Moscow Mule, 37
Moser, 33
Mousseux, 166
Mull, 48
Murano, 19, 20
Muscadet, 202
Museu do Louvre, 150
Nassau, Maurício de, 32
Neat, 48
Negroni, 68, 69, 70, 94, 250
Negus, 45, 48
Nightcap, 48
Nossa dose, 67
Novello, 208, 209
Noz-moscada ralada, 48, 61

Odores vegetais, 194, 309
Office Internationale de la Vigne e du Vin (OIV), 183
Old fashioned, 37, 40, 73, 94, 248, 251
Olfato, 41, 190, 193, 309
On the rocks, 48, 73, 74, 98, 253
Onça fluida, 67
Onça fluida americana, 67
Onça fluida inglesa, 67
Onças, 70, 317
Orange Bitter, 60
Orgânicas, 193
Organolépticas, 181, 185
Órgãos dos sentidos, 27, 41
Orrefors, 33
Orvieto, 202
Ouzo, 230
Óxido de ferro, 21

Países anglo-saxões, 146
Palácio de Versalhes, 20
Paladar, 27, 74, 181, 192, 309
Palatabilidade do drinque, 30, 309
Palatáveis, 27
Palato, 169, 193, 310
Papilas gustativas, 192, 202
Paris ballon, 27, 117, 140, 155, 178, 284
Pasteur, 151
Pasteurização, 151
Pastis, 118, 230
Pau-marfim, 55
Pedaços de canela, 61
Pederneira, 21, 310
Pendennis Club, 94
Peneira, 55, 56
Pernas, 191
Pernod, 118, 230
Pétillant, 166
Petiscos, 146, 312
Pick-me-up, 48
Pilsen, 150, 151
Pimenta-de-caiena, 61
Pimenta-do-reino, 61
Piña colada, 130
Pingado, 154
Pink Gim, 40, 253, 269
Pink Lady, 37
Pitcher, 73, 100, 257
Planter's Hotel, 35
Planter's Punch, 35, 40

Plinio, o Velho, 17
Plus, 38, 310
Polinésia, 37
Ponches, 48, 51
Ponto de fusão, 21, 23
Pony, 70
Pony glass, 127
Porrón, 178
Port, 201
Port ou Porto, 117, 142, 292
Porto, 146, 230
Porto Flip, 47, 142
Porto ou Xerez, 48
Portugueses do Dão, 214
Potencializar aromas, 30, 310
Pratos, 36, 37, 205, 219
Premier Crus da Borgonha, 214
Prensagem do vidro, 22
Pressed glassware, 23
Processador, 45
Profissional, 98, 184
Profumo, 43
Proporções, 59, 70
Prosecco, 166

Quartzo, 19, 310
Quinino, 60

Rabo de peixe, 154
Raladores, 52
Rastros, 191
Recentes da Califórnia, 205
Receptores gustativos, 192, 310
Receptores olfativos, 192, 310
Redonda, 27
Regras, 70, 152, 219
Reino Unido, 132, 134
Reno, 178, 205
Revolução Industrial, 20, 35
Rheinghau, 201
Ricky's Bar, 86
Riedel, 26, 27
Riesling, 201, 205
Riojas Gran Reserva, 214
Rob Roy, 37, 40, 283
Rocha, 23
Rosés, 183, 209
Rum, 231
Rusty Nail, 40, 254

Sabor, 26, 136, 191, 193
Saco para triturar gelo, 57
Saint Gobain, 31, 33
Saint Louis, 31, 33, 35, 86
Sais coloridos, 52
Salicórnia Herbácia, 21
Sangaree, 45, 48
Sangria, 51
Sanidade, 191
Santo Colomba, 14, 310
Sapore, 43
Sauternes, 201
Sauvignon Blanc, 205
Schnaps, 74
Schott, Otto, 20
Schott Zwiesel, 31, 33
Scotch, 28, 231
Scotch on the Rocks, 98
Screwdriver, 38, 41
Secchezza, 43
Seckt,166
Segredo(s) da coquetelaria, 235, 236, 238, 239, 240, 241, 243, 245, 249, 250, 252, 253, 258, 263, 265, 268, 269, 272, 276, 279, 283, 285, 286, 296, 298
Sensações táteis, 191, 311
Sensorial, 190, 192, 311
Serviço, 219
Shaker, 45, 53
Shape, 26, 27, 311
Shape do bojo do copo, 194
Sherry, 51, 117, 146, 201, 293
Shiraz australianos, 214
Shooter, 48
Short, 26
Sidecar, 37
Sider, 152
Side water, 73, 102
Siena, 31
Sílica, 21, 211
Silício, 21, 311

Silver Mug, 73, 107, 259
Singapore Sling, 37
Síria, 17
Sling, 48
Small brandy snifter, 117, 148, 294
Snifters, 115
Som, 34
Soprar em moldes, 22
Sopro, 18, 20, 22, 30
Soquete, 55
Sour, 49
Sparkling, 166
Speakeasy, 36, 37, 311
Spiegelau, 33
Spirit, 223, 311
Spirit Digest, 223, 311
Splash, 311
Spumante, 50
Steeped Chili Vodca, 59
Steiner, 108, 155
Stemmed ou footed, 71, 117
Steuben, 30, 32, 323
Stinger, 37
Stout, 151
Straight-up, 279, 311
Suar o copo, 311
Submarine, 152
Substância e amplitude, 205
Suco de tomate, 61
Sucos, 61
Sucos de frutas, 37, 57
Swizzle, 49

Tabasco, 61
Tablespoon, 70
Table wine, 211
Taça de Champanhe, 178
Tanino, 312
Taste, 279, 312
Tato, 41, 192
Teaspoon, 70
Técnica, 189
Técnicas de fabricação, 22
Temperos, 42
Teor alcoólico, 45, 74, 127, 151, 312
Tequila Sunrise, 39, 60, 88
Térmicas, 20, 191
Textura cremosa, 169
Thomas, Jerry, 35
Tiffany, 33
Timbre, 34
Tipo de uva, 191, 310, 313
Toddy, 49
Toddy ou mug, 73, 108
Tokay, 217
Tom Collins, 35, 41
Tot, 49
Trago de cachaça, 90
Transparência, 34, 191, 312
Trier, 178
Trinado, 34
Trockenbeerenauslese, 217
Tulipa, 154
Tulipe, 171
Tumbler, 39, 73, 112, 263
Tutmés III, 18
Twist, 312

Unfooted, 71
Universidade de Munique, 150
Uvas padrão Riesling, 202

Vaca Preta, 152
Vega Sicilia, 214
Veneza, 19, 20
Verdicchio, 202
Vermute, 232
Veronelli, Luigi, 42, 43, 317
Vidro, 21, 23
Vidro de potássio, 21
Vidro oco, 18
Vidro soprado, 22
Vidros e Cristais do Brasil, 32
Viena, 154
Vigore, 43
Vins de table, 211
Vinagres, 61
Vinhos, 50
Vinho aperitivo, 50
Vinho branco seco aromático frutado de meio corpo, 195, 205, 206
Vinho branco seco encorpado, 195, 198

Vinho branco seco leve sem aroma definido, 202, 203
Vinho de mesa, 195
Vinho do Porto, 145
Vinho e comida, 219
Vinho e xarope, 166
Vinho rosé, 258
Vinho tinto seco comum, 196, 211, 212
Vinho tinto seco de safras muito especiais para guarda, 196, 214, 215
Vinho tinto seco encorpado concentrado, 196, 214, 215
Vinho tinto seco jovem e fresco, 196, 214, 215
Vinho tinto seco semiencorpado por evoluir, 196, 211, 212
Vinhos brancos borbulhantes, 166
Vinhos da casa, 140
Vinhos doces naturais, 217
Vinhos e copos, 219
Vinhos fortificados, 51, 146
Vinhos tintos comuns, 199, 211
Vini da tavola, 211
Visão, 41
Vodca, 232, 234
Vodca Martini, 41
Vodcatini, 38, 41
Volume do bojo, 205
Volumetria, 94, 191
Volumetria do bojo, 192
Waldorf Astoria, 35
Waterford, 33
Weihenstephan, 150
Whiskies, 226
Whisky duplo, 98
Whisky sour, 37, 41
White Lady, 36
Wine glass, 70
Woodruff, 51

Xerez, 117, 146, 232, 293

Zonas sensoriais, 41